J'ai encore quelques certitudes

Jacques Salomé

J'ai encore quelques certitudes

Albin Michel

Avec le cœur… pour Valeria

Nous savons que nous savons beaucoup…

Nous savons aller vers les étoiles,
mais nous ne savons pas respecter le ciel
et encore moins l'immensité du cosmos.

Nous savons parler d'amour,
mais nous avons tant de difficultés
à aimer dans le respect de l'autre et de soi.

Nous savons fabriquer du pain,
mais nous avons du mal à le partager.

Nous savons faire des enfants,
mais nous peinons à les élever.

Nous savons créer des œuvres d'art,
mais nous avons tendance à saccager la beauté.

Nous savons prévoir le temps,
mais nous violentons la nature.

Nous savons nous émouvoir de la misère du monde,
mais nous gaspillons le meilleur de nos ressources
en productions inutiles et en objets dérisoires.

Nous savons soigner avec une redoutable efficacité,
mais dans beaucoup de cas nous ne savons pas encore guérir.

Nous savons déclencher des guerres et les entretenir longtemps,
mais nous avons tant de mal à oser vivre en paix !

Nous savons greffer des cœurs et des mains,
mais nous manquons de confiance
dans la relation avec notre propre corps.

Nous savons modifier des plantes, cloner des animaux,
mais nous détruisons des milliers d'espèces chaque année.

Nous savons nous déplacer
de plus en plus vite, de plus en plus loin,
mais nous mettons tellement d'obstacles
qui nous empêchent de communiquer
avec ceux qui nous sont proches.

Nous savons que nous savons beaucoup,
beaucoup de choses,
mais nous ne savons pas encore
que nous ne savons pas l'essentiel,
à savoir le respect de la vie sous toutes ses formes.

La cinquantaine pourrait être l'âge d'or de la tendresse

On me demande souvent, comme j'ai beaucoup écrit sur ce thème : « Comment pourrait-on définir la tendresse ? »

Contrairement à une opinion répandue, la tendresse n'est pas un sentiment. Nous pouvons aimer très fort et être incapables de tendresse, si nous sommes par exemple trop angoissés, préoccupés, frustrés ou déçus par l'autre.

La tendresse est une qualité de la relation, faite d'abord de présence, une présence réelle, proche, attentionnée, tournée vers l'autre. La tendresse va se dire avec des gestes affectueux, spontanés, des câlins non envahissants, des mots doux qui s'appuient sur un vécu réel, des mots liés à l'ici et maintenant d'une situation.

La tendresse est porteuse d'élans de bienveillance, elle vibre d'une intensité de l'attention et d'une écoute qui touchent au plus profond celui ou celle qui va la recevoir.

Dans un couple, c'est un des ciments les plus précieux pour maintenir deux êtres ensemble dans la durée. Mais il faut savoir que la tendresse n'est pas innée, elle s'apprend, se découvre avec la capacité à se décentrer de soi. Dans une relation de proximité, d'intimité qui caractérise la relation de couple, elle doit être préservée au quotidien grâce à la mise en pratique de quelques règles d'hygiène relationnelle simples : ne pas parler sur l'autre, ne pas le disqualifier, s'appuyer sur ce qui s'est passé et non sur ce qui ne s'est pas passé, découvrir que derrière toute accusation ou reproche il y a une demande et donc tenter de l'entendre.

La tendresse s'appuie sur ce que j'appelle l'« écoute active », une écoute qui ne s'arrête pas aux faits mais qui permet à celui qui parle de dire son ressenti, d'oser s'exprimer sur ce qu'il éprouve sans se sentir critiqué ou culpabilisé.

Vers le mitan d'une vie d'adulte, il semble qu'il y ait plus de place pour l'expression d'une tendresse plus libre, plus ouverte. Avec le départ des enfants devenus majeurs et responsables, certains parents peuvent redécouvrir que leur couple s'est fragilisé avec les années, que la relation femme-homme s'est un peu délitée dans un quotidien trop répétitif. Et qu'ils doivent réapprendre à dialoguer directement (sans l'alibi des enfants), à se réapprivoiser (car ils ont changé) et surtout s'adapter, car ils ont évolué parfois dans des directions différentes. Ils vont constater qu'ils peuvent consacrer plus de temps (et donc de plaisir) à échanger, à partager, à se dire, à être moins dans le faire et un peu plus dans l'être. Cette réconciliation possible par la tendresse peut rapprocher encore plus un homme et une femme qui vivent ensemble depuis vingt ou vingt-cinq ans et qui s'étaient parfois un peu perdus sans même s'en rendre compte. Une tendresse partagée qui peut leur donner envie d'être moins critiques, moins rigides, plus disponibles et gratifiants dans leur relation.

Avec l'arrivée de l'andropause et de la ménopause, l'intensité du désir a parfois changé. Certains peuvent s'éloigner et se perdre s'ils ne prennent pas plus de temps à se consacrer mutuellement de l'attention. C'est la tendresse qui permet à la sexualité de se vivre avec plus de sensualité et de confiance. En ne restant pas centré sur l'acte sexuel, chacun peut proposer à l'autre plus d'espaces de plaisir. La fête des corps n'a pas d'âge, pour ceux qui acceptent que les caresses et les abandons puissent s'offrir et se recevoir sans s'imposer, sans exigence, sans aucune censure.

C'est ainsi qu'on pourrait parler d'un « âge d'or de la tendresse ».

La cinquantaine et les belles années qui suivent peuvent en effet être l'âge d'or de la tendresse si l'on peut la reconnaître déjà en soi, si on ose la proposer sans l'imposer, l'offrir sans entrer dans un troc, la vivre à pleine vie. La tendresse est l'une des rares choses sur terre qui s'agrandit en se partageant.

Ça va bien, tout va bien!

À des questions banales, nous répondons, le plus souvent, par des réponses en conserve, qui sont porteuses de beaucoup de non-dits.

« Comment vas-tu ?

– Bien, ça va bien…

– C'est bon pour toi alors ?

– Oui, oui, c'est super, j'ai vu pire !

– Et ton travail ?

– Ne m'en parle pas. Mon chef de service, dont je t'ai déjà parlé, n'est jamais content, toujours à râler, à me faire des remarques et des reproches. J'ai le sentiment qu'il trouve plaisir à me coincer, à me ridiculiser. Bon, tu me connais, je fais face, mais c'est quand même merdique ! Je rentre tous les soirs épuisée !

– Et tes enfants ?

– Tu sais ce que c'est les enfants d'aujourd'hui, ils n'en font qu'à leur tête. Je suis un peu inquiète pour ma fille, elle mange trop et en plus elle veut maigrir.

– C'est normal à cet âge !

– Ce qui n'est pas normal, c'est qu'elle s'embarque dans

des relations amoureuses impossibles, croyant chaque fois que c'est le bon ! Elle déprime sans vouloir le reconnaître et déverse tout ça sur nous. Mon fils, lui, veut arrêter ses études, il désire voyager, voir le monde, partir en stop en Australie… En stop, tu te rends compte !

– Et ton mari ?

– Je le comprends de moins en moins, pourtant on s'aime, c'est sûr. Mais tu vois, à toi je peux le dire, on n'a plus le temps de faire l'amour, quelquefois seulement le dimanche quand je ne suis pas trop crevée. Je tiens à lui, mais je me demande parfois s'il n'y a pas quelqu'un d'autre dans sa vie. C'est curieux, depuis quelque temps il a une pêche terrible, il a rajeuni, il est tout lumineux, coquet, content de lui, ça m'inquiète un peu…

– Et tes parents, tu as des nouvelles ?

– Ils ne changent pas, toujours les mêmes. Papa – tu connais mon père – veut toujours avoir raison, il ne supporte pas la contradiction, il s'est mis en tête que les médecins lui cachent qu'il a un cancer. Il passe son temps à aller d'un spécialiste à l'autre… Ma mère, après avoir tremblé toute sa vie pour moi, son enfant unique, tremble maintenant pour ses petits-enfants. Elle craint qu'ils se fassent tuer, violer, qu'ils tombent dans la drogue. Je ne te l'ai pas dit, mais ils ont été cambriolés, alors maintenant ils ont installé une porte blindée, des alarmes, mon père veut acheter un fusil à pompe…

– Et toi dans tout ça, tu te retrouves ?

– Oui, oui, je vais bien, bon d'accord je dois consulter pour une hernie discale et peut-être pour me faire mettre une prothèse de hanche, car j'ai de plus en plus de mal à descendre les escaliers. Mais ça peut attendre… Et toi alors ?

– Moi, ça va bien, tu me connais, je laisse passer la caravane sans aboyer. Tout baigne.

– C'est bon pour toi alors ?

– Ouais, à part mon voisin qui continue à me harceler pour mon grillage. Il prétend qu'il empiète de dix centimètres sur son terrain, il veut revoir le bornage à mes frais… Bon tu sais, la vie il faut la prendre comme elle vient ! Il y en a beaucoup qui sont plus à plaindre que moi ! »

Oui, tout va bien, c'est sûr. Aller bien, c'est reconnaître que ça pourrait aller plus mal !

Une simple phrase, un tout petit signe

Il peut nous arriver, à tout instant, d'entendre quelques mots, de lire quelques lignes d'un livre, de voir une image ou une photo que nous recevons comme un signe, que nous entendons comme un appel, et c'est l'ensemble de notre vie qui s'en trouve touchée, interpellée, modifiée, voire propulsée vers des états d'être nouveaux.

C'est une très courte phrase, constituée de quelques mots, qui a provoqué chez moi – j'en ai pris conscience plus tard avec un peu plus de recul – une véritable révolution, un changement de regard sur les choses de la vie. Une phrase simple, à peine quelques mots, qui a inscrit un ancrage essentiel dans mon existence et m'a donné, au cours des ans, je le sens aujourd'hui, une cohérence et une fiabilité durables.

Cette phrase est venue d'un ami sculpteur, Philolaos Tloupas, que j'appelais affectueusement Philo. Grec d'origine, il tentait de m'apprendre – j'avais vingt et un ans – les gestes essentiels pour tenir un maillet et un ciseau à bois. Gestes magnifiques qui devaient faire de moi un apprenti sculpteur suffisamment compétent pour me permettre de devenir, plus tard, un créateur génial. Ou tout au moins un créateur reconnu, si en plus j'avais eu suffisamment de talent en moi pour cela. Ce qui ne fut pas le cas, du moins dans ce domaine.

C'était sa phrase d'accueil, qu'il m'a répétée chaque jour, durant plusieurs mois, en me servant un café trop chaud et très épais, avec des grains spécialement moulus qu'il faisait venir de Grèce, et qu'il préparait à mon intention : « Souviens-toi, ne l'oublie jamais : il faut se comporter comme un prince devant le travail ! »

Je croyais à l'époque qu'il s'agissait d'une boutade, d'une stimulation plaisante destinée à réveiller en moi quelque énergie ou un peu plus de créativité et peut-être d'ambition.

Et j'ai mis des années à saisir toutes les ramifications subtiles de cette phrase. Parfois cela voulait dire en moi : « Ne baisse pas la tête, fais face, ne te décourage pas, affronte les difficultés. »

Ou encore : « C'est toi qui sais ce qui est bon pour toi, ne te laisse pas dévier de ton chemin, avance vers tes propres objectifs. »

D'autres fois : « La matière est à ton service, ne te laisse pas dominer par elle, c'est toi le créateur ! »

D'autres fois encore : « Tu es au service de l'œuvre que tu entreprends, mets-y toute ta foi, ton courage, ta dignité. »

Et parfois aussi : « Garde la tête haute, ne courbe pas le dos, sens et ressens chacun de tes gestes, emplis l'espace de ta présence, reste ouvert au surgissement de l'imprévisible, laisse la beauté te rejoindre. »

Et plus tard encore : « Tu as des devoirs, peut-être même une mission : ce que tu es, ce que tu fais, ce que tu as découvert, il t'appartient de le mettre à la disposition du plus grand nombre. »

Et actuellement, un demi-siècle plus tard, cette phrase comme je l'entends aujourd'hui reste encore porteuse d'un message qui me guide chaque jour : « Tu es seul responsable de ce que tu vas faire avec ce qui t'arrive, quoi qu'il t'arrive ! »

Oui, j'ai joyeusement et parfois douloureusement appris qu'il faut se comporter comme un prince dans son travail et, au-delà, dans chacun des actes de sa vie.

Cadeaux d'aujourd'hui, cadeaux d'autrefois

Il n'est plus possible de comparer les cadeaux que nous recevions à l'époque où nous étions enfants, dans les moments privilégiés qui étaient prévus pour cela comme Noël, les anniversaires, la première communion, avec les cadeaux que reçoivent les enfants d'aujourd'hui. Car c'est aussi le sens même des cadeaux qui a changé. Il y avait dans notre enfance des temps et des moments exceptionnels réservés pour répondre à nos désirs. Le reste de l'année nos parents répondaient plutôt à nos besoins et, dans mon cas ou ceux de mon frère, à nos besoins de survie.

La montre offerte par notre marraine (qui avait économisé pour cela durant des années) pour la première communion ou notre réussite au certificat d'études, nous l'avons gardée longtemps, peut-être même est-elle toujours à notre poignet !

J'ai aimé le témoignage de cette femme me disant : « Quand j'étais petite, je ne sais plus à quel âge exactement, mais je devais être très petite, j'ai reçu une boîte de crayons de couleurs comme cadeau de Noël. À cette époque, même dans les familles aisées, cette fête ne rimait pas avec abondance ou gaspillage et ce cadeau qui paraîtrait banal aujourd'hui m'enchanta. Dans mon souvenir cette boîte était immense : vingt-quatre crayons au moins, de toutes les couleurs. Je me souviens de les avoir fait rouler sous mes doigts, sans oser les sortir de leurs compartiments. Il ne fallait surtout pas défaire la disposition harmonieuse des couleurs, alors je les prenais un à un, pour les remettre soigneusement à leur place! Le bleu clair surtout était magnifique. J'ai commencé à dessiner des ciels bleus, je taillais mon crayon et un jour j'ai découvert que le crayon bleu était tout petit parmi les autres. J'étais plus que désolée, vraiment désespérée d'avoir usé mon crayon bleu. Je ne sais qui m'a consolée. Maman m'a-t-elle acheté un autre crayon? Papa m'a-t-il fait découvrir la beauté des autres couleurs? Aujourd'hui encore, quand je vois en fin d'après-midi le bleu du ciel, juste à côté de l'orange oublié par le soleil, je me sens heureuse d'avoir été la petite fille que j'ai été... »

Il ne s'agit pas de comparer le vélo (avec dérailleur à trois vitesses, quand même!) que nous avons reçu pour le brevet avec les VTT à dix-sept ou vingt-trois vitesses d'aujourd'hui. Ni même la planche à roulettes créée de toutes pièces à partir de trois roulements à billes, quelques planches et une bonne ficelle pour la remonter (après avoir descendu les rues en pente) avec les skates d'aujourd'hui, en lamellé de résine (déjà dépassés) ou ceux qui ont une structure en titane (le même qu'utilise la NASA, me soutient mon petit-fils!). Skates avec lesquels il est possible de faire des loopings et autres sauts extraordinaires.

Autres temps, autres jeux. Le journal de *Tarzan* ou de *Bibi Fricotin* de mes copains, que je retenais plusieurs jours à l'avance et que je pouvais seulement lire en sixième position sur la liste des habitués, ne saurait rivaliser avec les Playstation et les jeux vidéo qui monopolisent le temps et l'attention de beaucoup d'enfants. Et pourtant, que de plaisirs, que de rêves, que d'émotions ces bandes dessinées ont-elles suscités !

Il existe cependant de vrais cadeaux à faire, comme celui que m'a demandé un jour une de mes filles : « Comme cadeau de Noël, papa, je voudrais un peu de ton temps, pour moi toute seule. Une journée si possible, peut-être un après-midi, pourquoi pas une heure, mais un espace de ton temps qui n'appartiendra qu'à moi. Un temps de toi à moi. »

J'ai quelquefois le sentiment que le mot « cadeau » est devenu périmé, tombé en désuétude. Puisque ce qui pouvait être autrefois considéré comme un présent est devenu un dû, une obligation : « Maman, j'aurai l'air d'un taré si je n'ai pas ce VTT ou ce nouveau jeu, comment je vais faire avec mes copains, ils vont me larguer ! », « Maman, il me faut à tout prix ces Converse, je ne peux pas marcher près de mes copines avec les "bateaux" que tu veux m'acheter, c'est grave. De quoi j'aurais l'air, d'une pouffe ! »

L'équilibre d'une relation vivante est structuré autour du « demander, donner, recevoir et refuser ». Le « demander » est devenu exiger, le « donner » s'est réduit à un dû, reçu avec un hochement de tête morose, le « recevoir » est devenu un prendre et le « refuser » se résume à faire la gueule ou à fuir sur Internet : « Là au moins, je suis tranquille, je peux être moi et personne ne vient me faire chier ! »

Bien sûr j'exagère, je montre l'horreur d'une relation banale au quotidien. Tous les adolescents ne sont pas comme ça même si certains sont pires ! Non, il faut garder le moral, ne pas trop s'accrocher à un passé dépassé, rester au présent, en le proposant sans se décourager comme un PRÉSENT.

Clin d'œil sur l'enfer et sur le paradis

Un formateur en relations humaines, dans un moment de doute, tenta un jour une conversation avec son Dieu : « Seigneur, j'aimerais savoir comment est le paradis et comment est l'enfer. »

Son Dieu lui prit la main et conduisit le formateur vers deux portes. Il en ouvrit doucement une et lui permit de regarder à l'intérieur.

Au milieu de la pièce, il y avait une immense table ronde. Au milieu de cette table, une grosse marmite contenant un ragoût à l'arôme délicieux. Le formateur saliva d'envie.

Cependant il remarqua que les personnes assises autour de cette table étaient maigres, livides et paraissaient mal à l'aise et pour tout dire malades. De plus elles avaient toutes l'air affamées.

Chacune de ces personnes tenait une cuillère avec un très long manche, attachée à un bras. Toutes pouvaient atteindre le plat de ragoût et cueillir une cuillerée. Mais comme le manche de la cuillère était plus long que leurs bras, elles ne pouvaient ramener les cuillères à leur bouche.

Le formateur frissonna à la vue de leur misère et de leur souffrance. Son Dieu lui dit : « Tu viens de voir l'enfer. »

Tous deux se dirigèrent vers la seconde porte. Son Dieu l'ouvrit avec vivacité. La scène que vit le formateur était identique à la précédente. Il y avait la même grande table ronde, la marmite de délicieux ragoût fumait au milieu des convives, ce qui fit encore saliver le formateur. Les personnes autour de la table étaient également équipées de cuillères à long manche.

Cette fois cependant, les gens paraissaient bien nourris, replets, souriants et se parlaient les uns aux autres en riant.

Le formateur dit à son Dieu : « Je ne comprends pas !

– C'est simple, répondit son Dieu, tout cela ne demande qu'une seule habileté. Ici tous ont appris à partager, à se nourrir les uns les autres, tandis que derrière l'autre porte les gloutons et les égoïstes ne pensent qu'à eux-mêmes ! »

Le formateur retourna à ses formations, nul ne sait la nature des interrogations qui continuèrent à germer dans sa tête.

Aux dernières nouvelles, on croit savoir qu'il hésite encore entre le paradis et l'enfer. Un de ses projets pourrait s'exprimer ainsi : « Peut-être que si je vais en enfer, je pourrais leur apprendre à donner aux autres, à se servir de leur cuillère autrement ? Qui sait ? »

Ah, qu'il est difficile d'être père aujourd'hui !

Faire des enfants est relativement facile et beaucoup d'hommes ne manquent pas d'entraînement et y parviennent (avec bien sûr l'aide et la participation active d'une femme !). Mais participer à l'élevage (au sens noble du terme, qui signifie « grandissement et élévation »), cela demande quelques qualités et vertus qui ne sont pas innées chez les hommes. Cela suppose quelques savoir-être et savoir-faire associés à une présence. Cela requiert de la disponibilité, des apprentissages, du suivi et surtout de la cohérence. Autant d'ingrédients relationnels qui paraissent méconnus par beaucoup et souvent fort éloignés de leurs préoccupations prioritaires.

Moi qui fus le géniteur de cinq enfants, aujourd'hui devenus des adultes, il m'arrive de douter encore, non de ma capacité d'avoir pu être papa et père pour chacun d'eux, mais de la qualité et de l'impact que chacune de ces fonctions a pu avoir sur leur développement. Au point de me demander certains jours : « À côté de quoi es-tu passé avec l'un ou l'autre d'entre eux ? Qu'est-ce que tu n'as pas su voir, entendre, comprendre de leurs attentes, de leurs interrogations, de leurs rêves ? Qu'as-tu ignoré de leurs véritables aspirations ? »

J'ai bien sûr, en tant que psycho-machin-chose, abandonné quelques certitudes erronées, engrangé quelques balises, respecté quelques repères, réajusté quelques comportements (à défaut d'être père, il vaut mieux avoir quelques repères), mais je fus certainement quand même un père aveugle, sourd et surtout insuffisamment présent comme papa.

Je sais maintenant que tout d'abord, avant d'être père, le géniteur d'un enfant devra accepter et apprendre à être un papa. Un papa : une présence rassurante, chaleureuse, bienveillante, à la fois pour la mère et pour l'enfant.

Pour un enfant, il est important de voir le regard de son papa sur lui ou elle, d'entendre sa voix, de sentir son odeur, de le sentir énergétigène, c'est-à-dire capable d'insuffler son énergie dans les moments de stress ou de danger, de le percevoir comme apte à capter les émotions qui viendront vers lui. D'avoir une confiance inouïe, inaltérable dans ce géant qui se penche sur son berceau, qui lui sourit, qui lui parle, le prend dans ses bras, même s'il ne sait trop comment s'y prendre ! Un homme qui peut simplement être là, pour le bercer, pour ronronner de plaisir et lui murmurer des mots de tendresse. Un père doit parler, doit faire entendre la musique de sa voix, avec des vibrations bien différentes de celles de la maman, des intonations, des rythmes qui ne sont qu'à lui et que le bébé va percevoir et recevoir comme étant à lui seul destinés.

Un papa, c'est le plaisir du jeu et de l'ouverture au monde.

Un papa, c'est surtout une présence que l'enfant peut associer à la sécurité, au bon, au stable, au solide qui sont ressentis par la maman et dont les résonances lui reviennent en écho.

La dimension père, elle, s'installera un peu plus tard, à partir de nouvelles balises, en termes de limites, d'interdits ou d'obligations, de défenses ou de contraintes. Un père est à la fois une sorte de passerelle mobile et de filtre entre l'univers de l'enfance et la masse indistincte des étrangers (à la famille) qui entourent l'enfant.

En favorisant la confrontation de son fils ou sa fille avec l'environnement proche et plus lointain, le père propose des bases et des repères donnant à l'enfant les ancrages nécessaires qui lui permettront d'affronter plus tard le monde et de se construire comme adulte.

Dans ma génération, les pères ne savaient pas ou savaient peu parler aux enfants. « Chaque fois que je devais dire quelque chose à l'une ou l'autre de mes filles, je sentais ma langue se figer, mes pensées se rétrécir, alors sortait de moi un discours en conserve, tout "plat", dévitalisé, qui ne correspondait pas du tout à l'homme que j'étais… », me disait cet homme, père de trois filles. Et cet autre, avec beaucoup d'émotion dans la voix : « J'imaginais chaque fois que je devais parler à mon fils que je devais m'abaisser, descendre à son niveau, j'utilisais alors un jargon de primitif comme s'il était un débile ou un demeuré profond, cela me faisait honte et me donnait envie d'arrêter l'échange au plus vite, ce que d'ailleurs je faisais, fuyant ainsi, plus démuni qu'un Cro-Magnon face à un Martien ! Aujourd'hui encore je me sens si pauvre face à lui ! »

Et pourtant les pères actuels ont appris à devenir un peu plus papas. Ils savent – du moins j'en ai la croyance – non seulement parler à leurs enfants, mais aussi mieux se définir, témoigner de ce qu'ils sont, pour leur permettre de se confronter, de s'affirmer et de se construire.

« Dans un petit coin de ma mémoire… »

D'une dame très âgée, j'ai recueilli ce témoignage qui m'a bouleversé.

« Dans un petit coin de ma mémoire trotte un endroit charmant, calme et apaisant, c'est un lieu plein de rêve où volent des insectes et nichent des oiseaux, où se vivent des romances à la pelle, poussent des herbes en tonnelle et des brassées de fleurs sous des cieux toujours bleus. C'était là notre domaine, notre maison aux volets de lasure balayés par les vents.

Le bonheur d'être à deux.

Dans un petit coin de ma mémoire s'agitent des enfants, grincent des balançoires, plongent joyeuses les cuillères dans des gâteaux d'anniversaire nappés de mousse au chocolat, trinquent les verres, pleurent les bébés. Discutent des amis qu'on n'avait pas invités et qui sont toujours les bienvenus, s'ânonnent les leçons récitées avec précipitation dans l'espoir de jouer encore et encore un peu, beaucoup, passionnément, pleuvent les dragées que l'on suce distraitement, se bousculent en moi tant d'heureuses promesses, danse l'ivresse du bonheur tout simplement.

Le bonheur d'être tous ensemble.

Dans un petit coin de ma mémoire il y a des couchants qui scintillent sous des paupières fatiguées, et des crépuscules de soleil qui rougeoient sur la mer et tant de clairs de lune pour agrandir le ciel. Il y a des ailleurs pleins de vie, des voyages rêvés et des mondes encore à conquérir, des échos de tam-tam, d'immenses bois de santal et des soirs parfumés, des glissements de gondoles, des envols de masques et d'étoiles, des bateaux qui s'amarrent, des avions qui décollent dans une frénésie follement maîtrisée.

Le bonheur d'être ailleurs.

Dans un petit coin de ma mémoire soudain comme un cri, un grand trou de brouillard où se perdent tant de visions charmantes, tant de rires, tant de mots pour décrire le remue-ménage de mes pensées, un grand vide à partager, plus de cris, plus de rires, plus d'enfants, plus d'homme, plus d'amant, un trou noir, un grand trou noir où vont s'engloutir et se perdre des nostalgies précieuses, que je ne peux plus retenir.

Une grande faille noire.

Du côté de ma mémoire je ne suis pas ailleurs, je suis là, blottie toute petite, tout contre des attentes fragiles, avide de sourires à venir, tout au bord des murmures de plus en plus ténus de tant de souvenirs, toujours affamée de partage, à l'écoute des résonances de plus en plus silencieuses, écoutant les rires et les sanglots de mon histoire, pleurant un enfant trop tôt disparu, appelant mon amour disparu au secours.

Si loin de ma mémoire, je suis seule, je suis loin, si loin de moi, si loin de toi, si loin de notre histoire.

Je suis déjà ailleurs.

Mais j'ai moins peur, quand je reviens à petits pas, plus près de ma mémoire. »

Ainsi peut se résumer en quelques mots, en quelques phrases toute l'aventure d'une vie. Mais comment recueillir avec respect l'immensité d'une existence ?

Expressions et phrases paradoxales

Chacun d'entre nous a dans sa besace, et toujours prêtes à l'emploi, un certain nombre de phrases ou d'expressions qu'il a reçues en legs ou qu'il a recueillies et dont il se sert parfois sans aucune retenue, oubliant combien ces mots ont pu, à un moment ou un autre de son enfance, le faire rire, ou le déstabiliser, le perturber ou l'enchanter.

La plupart de ces phrases peuvent contenir, outre un paradoxe, un souffle de vie ou une bouffée d'énergie, parfois aussi une menace, un élément dérangeant destiné à provoquer un choc émotionnel ou intellectuel chez celui à qui elles s'adressent. À de nombreuses occasions, dans une vie d'enfant, elles ont été déposées tel un leitmotiv, comme une marque de fabrique (de tel ou tel parent), pour baliser une action, imprimer un avertissement, susciter une complicité, maintenir en éveil.

« Si tu continues comme ça, je vais te peler les dents » (telle était l'affirmation péremptoire de tante Marcelle dans les années 1955-1960).

« Attention à toi, si tu continues, je vais te mettre la tête entre les deux oreilles » (la même).

« Encore trois heures comme ça et je me fâche, je deviens tout rouge comme mon pull-over…

– Mais papa, ton pull-over est beige !

– Justement, n'attends pas qu'il devienne rouge » (un père trop peu présent).

« Si je te vois encore dans mes jambes, tu vas faire connaissance avec mon balai » (une mère impatiente).

« Si je te vois encore dans ma cuisine, je vais te frotter les oreilles avec la poêle à frire » (une grand-mère grincheuse, oui, oui, cela existe).

« Toi, si tu continues à n'en faire qu'à ta tête, je vais te tailler les oreilles en pointe, comme ça tu entendras mieux » (un grand-père surnommé « grand-père Colère »).

« Descends de ce plongeoir et fais attention à toi, si tu te noies, moi je te tue » (un père fatigué, qui croyait avoir de l'humour).

« Ne tire pas la langue, ferme ta bouche, si les cloches de Rome sonnent, tu vas rester comme ça » (une tante catho pur sucre).

« Arrête de faire des grimaces, si la lune fait un demi-tour, tu resteras comme ça pour toujours » (une voisine).

« Si tu continues à gesticuler, moi je vais t'enfermer dehors » (une mère excédée).

« C'est bien, ne fais surtout pas attention en traversant ! Tu vas encore te faire écraser sans le vouloir et moi je serai soulagée, mais on m'accusera quand même d'être responsable » (une institutrice de maternelle).

« N'avale pas le noyau si tu ne veux pas qu'un arbre pousse dans ton ventre » (une nourrice).

« Vous deux, si vous n'arrêtez pas de vous chamailler, je vous coupe la tête au ras des pieds.

– Oh non, papa, pas au ras des pieds !

– Au ras des genoux alors, pour vous apprendre à vivre en paix » (un père normal).

Ainsi se déposent sur les enfants des phrases et des expressions qui vont s'enkyster et réapparaître des décennies plus tard, traversant les générations, semant doutes et interrogations qui s'ajouteront aux incompréhensions pourtant déjà suffisantes entre adultes et enfants !

La musique, source d'émotion et de lâcher-prise

C'est certainement à l'écoute d'un chant, d'une cantate, d'une sonate pour piano, d'un concerto pour violon que nous donnons à nos sens la possibilité de s'ouvrir et de libérer toutes leurs ressources. Même si dans un premier temps, c'est l'ouïe qui est privilégiée, nous sentons se développer en nous une ouverture d'ordre vibratoire qui amplifie et démultiplie nos cinq sens pour nous agrandir et nous prolonger bien au-delà de notre corporalité. Je crois profondément, au travers d'un vécu chargé d'expériences musicales diverses (jazz, chansons, passion pour Mozart et Bach, émerveillement pour le bel canto), que la musique nous permet de lâcher prise sur des pensées contraignantes, sur des a priori, sur des certitudes, sur des soucis ou des ressentiments. Et cela va bien au-delà de l'adage selon lequel « la musique adoucit les mœurs ».

Il y a, quand nous entrons dans l'univers de la musique, un mouvement interne de paix, de réconciliation, de restauration qui s'amorce et s'installe en nous parfois durablement. Le surgissement d'émotions diverses, d'images, de visions peut nous entraîner dans quelques-uns des labyrinthes de notre histoire, faire émerger des souvenirs enfouis, nous permettre peut-être d'accéder à des changements de conscience. Ou encore nous permettre d'entrer dans une dimension de nous jusqu'alors inconnue ou étrangère à notre existence.

Ainsi le témoignage de ce robuste Allemand, colosse de près de deux mètres et de cent quarante kilos pour le moins, qui me disait, avec des larmes dans les yeux, une voix de petit enfant émerveillé et une infinie nostalgie dans le regard, la plongée dans une autre dimension qu'il avait faite en entendant, lors d'un voyage aux Indes, vibrer le son d'un immense gong : « Je ne sais pas ce qui s'est passé, j'ai senti mon corps s'élever, flotter dans l'air, je voyageais à la hauteur des arbres, puis des oiseaux, puis des nuages, et puis soudain je suis devenu le ciel. Oui, le ciel, j'étais immense ! Je faisais partie d'un tout que jusqu'alors j'ignorais. Je ne sais combien cela dura, c'est la main de ma femme posée sur mon bras qui me ramena sur terre. J'étais dans un état d'émerveillement, enchantement que je n'ai jamais retrouvé par la suite. Je sais aujourd'hui que nous sommes plus grands que ce que nous paraissons. »

Je le crois aussi, même si je n'ai pas vécu une telle expérience. Je sens en moi la circulation d'une énergie vitalisante quand je me laisse aller, quand je me laisse entrer dans la musique, je veux dire quand je laisse les pores de mon corps recevoir et s'accorder aux vibrations des sons et des rythmes.

J'avais dix-sept ans quand un organiste, célèbre à l'époque, vint jouer sur les grandes orgues (fraîchement restaurées) de la basilique Saint-Sernin à Toulouse. N'ayant aucun moyen de payer une place pour ce concert exceptionnel, je me laissai enfermer seize heures dans l'église, caché dans un confessionnal désaffecté (la couche de poussière et les toiles d'araignée qui restèrent accrochées à mon blouson l'attestaient !). Je sais donc ce que c'est que d'être transporté, enchanté, bercé dans tous les sens du terme. Mais je découvris ce jour-là l'infinie solitude à ne pouvoir partager, à ne pas avoir les mots pour dire mes émotions, mes ressentis, l'afflux d'images, de couleurs qui se bousculaient dans tout mon être, me donnant le sentiment que mon corps était trop petit pour recevoir autant de cadeaux et de bienfaits.

Aujourd'hui, je sais garder précieusement en moi ces traces de bonheur liées à mes rencontres avec la musique et aussi les partager, en offrir le parfum et les fragrances inattendus.

Le plus beau des cadeaux

J'ai raconté que le plus beau des cadeaux qu'une de mes filles souhaitait recevoir de moi n'était pas un objet, un nouveau vêtement, un bijou ou un parfum, mais simplement un peu plus de présence de ma part, de mon attention, de mon temps, confirmant qu'elle était importante pour moi, que le lien existait toujours, qu'il n'était pas dévitalisé. J'ai trouvé que c'était une belle demande et je ne l'ai jamais oubliée. Mais parfois, et malgré leurs demandes ou leurs attentes, malgré toute l'attention, les manifestations d'amour ou d'intérêt que nous pouvons avoir à leur égard, tout cela n'est pas toujours bien reçu.

Nos enfants devenus adultes s'éloignent ou se rapprochent de nous au gré des séquelles d'un passé encore chargé de contentieux ou de leurs questionnements intimes, de leurs choix de vie, ou encore de ce qui est réveillé en eux de leur histoire par les difficultés du quotidien. Ainsi une demande d'attention ou une réclamation de plus d'amour de leur part peuvent contenir deux messages qui semblent antagonistes mais qui ne s'annulent pas. Deux messages contradictoires comme souvent un ex-enfant devenu adulte est capable d'en envoyer à l'un ou l'autre de ses parents.

Le premier des messages peut s'entendre ainsi : « Je ne suis plus un(e) enfant, arrêtez de m'appeler pour me demander si je vais bien, ne me demandez plus si j'ai besoin de quelque chose qui me ferait plaisir, ne m'offrez plus de cadeaux. Je suis autonome, je n'ai plus besoin de soins, de prise en charge, je sais faire face moi-même à mes besoins, je m'offre ce que je veux... Et d'ailleurs, je vous en veux parfois car vous ne m'avez pas toujours compris(e), pas aimé(e) comme je l'aurais souhaité, pas reconnu(e) tel(le) que j'aurais voulu l'être... Je ne veux pas lâcher encore tous mes reproches ou mes accusations, mais entendez au moins que j'ai besoin de votre attention, de votre présence, de votre amour, même si je suis capable de les refuser... »

L'autre message peut être : « J'ai quand même besoin de vous, vous êtes importants pour moi, j'ai besoin de manifestations d'amour, de tendresse, de contacts directs, mais je ne veux pas en demander, c'est à vous de l'entendre et d'y répondre, en prenant même le risque de mes refus et de mes réticences... »

Comme beaucoup des demandes que nous font nos enfants devenus adultes, elles sont parfois chargées de ressentiments, de reproches, de tentatives de culpabilisation, de reliquats d'insatisfactions passées.

Je crois qu'au travers de quelques-unes de ces demandes contradictoires, les ex-enfants vérifient en fait le lien parental. Ils s'assurent qu'il est toujours là, ils vérifient sa solidité, en tirant dessus, quelquefois même violemment !

Alors si nous avons compris qu'il s'agit pour eux de vérifier que le lien aux parents est toujours solide, nous pouvons les remercier de nous avoir alertés. Nous pouvons leur témoigner que nous sommes capables de les accueillir et de partager de la tendresse avec eux. Ils accepteront notre invitation ou pas, cela leur appartient. À notre bout de la relation, nous leur aurons témoigné que nous avons entendu l'essentiel du message (l'attente et la demande), que nous n'allons pas rester paralysés par l'autre partie de leur message (le refus ou le rejet).

Ainsi peut être confirmé que le lien entre eux et nous est toujours là, qu'il est bien vivant, qu'il n'est pas blessé par les contradictions et les ambivalences, qu'il est toujours disponible... à notre bout de la relation. Ainsi peut-on témoigner que nous sommes toujours là, quel que soit leur âge, et qu'ils sont toujours nos enfants.

Les divorces sans fin

Nous le savons un peu mieux aujourd'hui, ce dont souffrent le plus les enfants lors d'une séparation de leurs parents, c'est de sentir que cette rupture n'atténue pas la violence ou l'intensité du conflit qui les opposait au temps de leur vie commune. Que ce conflit soit larvé, non exprimé, qu'il se manifeste dans l'intimité du couple ou au contraire qu'il soit extériorisé, porté sur la place publique et devant les enfants, ces derniers s'imaginent souvent qu'ils sont à l'origine de la séparation et veulent prendre sur eux une partie de la responsabilité des accusations qu'ils entendent échanger au-dessus de leur tête !

Ils peuvent aussi chercher à s'identifier à l'un des parents et vouloir réparer sa souffrance. « Ne t'inquiète pas, maman, je suis là, moi. Je ne te quitterai jamais ! » pourra dire un petit garçon. « Moi je t'aime, papa, tu ne seras pas malheureux avec moi ! » complétera une petite fille.

Plus de la moitié des divorces qui sont censés consacrer la rupture du lien conjugal vont aussi mettre en danger le lien parental, qui se trouve trop souvent maltraité par l'un ou l'autre des ex-conjoints. Au moment d'un divorce, il faut le rappeler, il appartient à chacun des parents de continuer à alimenter, à nourrir le lien parental. Or, dans beaucoup de cas, les questions liées au droit de garde, aux visites, au partage de l'autorité parentale, à la pension alimentaire seront le terrain privilégié d'une guerre féroce, parfois interminable. C'est ainsi que de nombreuses séparations vont s'enkyster durant des années autour de deux écueils importants.

Le premier, c'est que les enfants vont servir d'enjeu (captation, critiques, rejets) dans le tourbillon des accusations, des ressentiments, dans les contentieux parfois sordides qui entretiennent affrontements et conflits sans fin entre le père et la mère.

Le second écueil, c'est celui de la séparation effective des biens. Car même s'il est mentionné dans le jugement de divorce comment doit s'effectuer le partage du patrimoine, dans bien des cas l'un des partenaires tarde à agir, tente de faire obstruction et s'oppose, par toutes sortes de moyens, même en dépit de la loi, à restituer la part due à son conjoint. Ce dernier hésite souvent à intenter des poursuites simplement pour que soient appliquées les conditions minimales de l'ordonnance de divorce. Or, laisser en place les éléments d'un conflit qui risque de perturber gravement les relations parentales entraîne, me semble-t-il, une carence à la fois du droit et de la justice. Insatisfaction, frustration, sentiment d'impuissance vont habiter celui des partenaires qui voit ses droits les plus élémentaires bafoués et les décisions reportées aux calendes grecques. Mais la peur d'un conflit ouvert est parfois si profondément enracinée dans l'esprit d'un des partenaires qu'il imagine de son devoir de lâcher prise avec un bien qu'il estime pourtant lui appartenir, au moins de moitié.

Les questions sur l'origine de l'argent, de la pension alimentaire, sur le partage du patrimoine, sur l'utilisation par l'un d'un bien autrefois commun, sur l'occupation et l'attribution ou non de la résidence familiale retentissent lourdement sur le comportement des enfants. Ainsi l'un ou l'autre des enfants risque-t-il de prendre parti pour l'un des parents – soit pour celui qui apparaît comme la victime spoliée, soit contre celui qui se présente comme une victime harcelée – et vouloir soit le protéger en prenant sa défense, soit renforcer les accusations qui s'expriment autour de lui.

En ce sens, la médiation familiale, en guidant et en simplifiant les négociations entre conjoints au moment de leur séparation, favorise le plus souvent un règlement rapide et plus juste du conflit. Les enfants comme leurs parents ne peuvent qu'y gagner.

En prévention, peut-être faudrait-il être plus clair, au départ, quant aux engagements des conjoints l'un envers l'autre, et leur rappeler de ne pas confondre le lien parental avec le lien conjugal.

Lettre d'une mère à ses enfants

« À ce jour, je ne sais toujours pas, alors que vous avez quitté la maison depuis longtemps, si j'ai été une mère suffisamment présente et ferme, sachant poser des exigences claires, capable de vous apprendre à rencontrer les réalités de la vie, et une maman suffisamment chaleureuse et bienveillante, capable d'être tendre et prévenante pour permettre à chacun d'entre vous, mes enfants, de s'aimer et de se respecter. Ou si au contraire vous m'avez vécue comme une mère trop dure, formaliste, seulement préoccupée d'un quotidien répétitif, absorbée par des repas à préparer, envahie de linge à laver, focalisée sur des rappels à l'ordre pour la propreté de votre corps ou de votre chambre, aveuglée par le souci de contrôler vos devoirs, vos relations ou dépassée par la précocité de vos découvertes et expériences !

Ai-je été trop souvent une maman excessivement inquiète, envahissante, anticipant tous les malheurs qui auraient pu vous arriver hors de ma présence et déposant sur vous, avec beaucoup d'amour, mes peurs et angoisses au point de fragiliser votre propre confiance, de vous faire douter de vos ressources, de semer en vous les graines d'une révolte cachée ?

Je peux accepter aujourd'hui l'idée que j'ai été cette maman et cette mère-là, telle que j'imaginais que je devais être, telle que je m'efforçais de l'être pour répondre aux attentes de mon entourage familial, de votre père, de la société dans laquelle je vivais. Je me suis efforcée de jouer avec application et bonne foi différents rôles dictés par les circonstances mais si éloignés parfois de ce que j'étais réellement ou à des années-lumière de vos propres besoins. J'ai été très souvent, quasi en permanence, dans le réactionnel, colmatant sans relâche ce qui me semblait être des carences, des manques chez vous, chez les autres. J'ai pris sur moi d'apporter des réponses, ce que je croyais être des solutions à tous les problèmes que vous traversiez ou qui assaillaient notre vie intime. J'avais un réel souci de vous donner le meilleur, de vous rendre heureux à tout prix. À tout prix, quelle erreur !

Je peux sentir ces derniers temps que vous m'avez surtout perçue telle que je n'ai pas été dans vos attentes et vos espérances, telle que j'aurais dû être pour vous apaiser, pour vous combler, pour vous initier au bon de la vie, au merveilleux de l'existence.

Je ne sais toujours pas si j'aurais dû vous parler de la petite fille que j'ai été, de l'adolescente que je fus, de la jeune femme émerveillée que j'étais à votre arrivée au monde, puis de la femme trop souvent en conflit entre trop de rôles contradictoires : maman, mère, femme, épouse, professionnelle, ex-petite fille. À certaines époques, trop enfermée, dépassée par un quotidien qui me semblait reposer sur mes épaules, avec trop de problèmes à gérer et à vouloir résoudre. Je ne sais encore si j'aurais dû me livrer davantage, vous montrer mes vulnérabilités, mes doutes, partager mes interrogations ou vous montrer quelques-uns des personnages qui m'habitaient, qui rêvaient en moi ou qui s'étouffaient dans un silence assourdissant !

Ce que je sais, c'est que je n'ai pas suffisamment osé avec vous, que je ne me suis pas assez confrontée, positionnée, affirmée face à l'excès de vos demandes. Je me suis trop fréquemment censurée. Je me suis trop souvent interdit de vous dire mes ressentis, mes sentiments réels, mes émotions, mes fantasmes ou mes utopies, ce désir de vie si puissant en moi.

Je suis passée trop souvent à côté de moi en votre présence.

Et maintenant je ne peux rien changer à votre histoire de vie, sinon témoigner de ce que je fus, de ce que je ne fus pas, de ce que je suis.

Celle qui vous a mis au monde, il y a si peu de temps, il y a si longtemps. »

J'aurais pu écrire cette lettre en tant que père, avec quasiment les mêmes mots, et l'envoyer à chacun de mes enfants.

Mères battues, mères bafouées par leurs enfants

Elles sont de plus en plus nombreuses, même si on en parle peu, pour l'instant.

Elles sont silencieuses, elles n'osent dire leur souffrance et leur désarroi, ni à leur mari ni à leurs amies ou connaissances.

Elles sont désespérées dans leurs pensées et dans les méandres de leur cœur.

Elles sont blessées dans leur corps.

Et en plus, elles se sentent coupables, croyant être de mauvaises mères.

Elles sont en colère contre elles-mêmes, souvent avec cette question qui revient sans arrêt dans leur tête : « Comment en suis-je arrivée là ? » ou : « Comment mon fils (ma fille) peut-il (elle) me faire cela ? »

Ces mères découvrent avec stupeur qu'elles ont donné le jour à des enfants qui sont devenus de véritables terroristes relationnels.

Enfants terroristes dans le sens où ils sont capables très tôt, dès huit, neuf, dix, onze ans, d'imposer leurs désirs (tout, tout de suite), sans tenir compte de la réalité, d'exiger une réponse (souvent financière) à leurs attentes, de se révolter devant le moindre refus (vécu comme injuste ou insupportable).

Enfants perdus car immergés dans un monde qui sollicite sans arrêt leurs désirs, confrontés à un environnement qui les a transformés en consommateurs précoces, qui leur a laissé croire qu'ils avaient tous les droits sans suffisamment leur rappeler leurs devoirs.

Enfants violents parce qu'ils n'hésitent pas à frapper celle qui les a portés durant neuf mois dans son ventre, qui les a élevés durant des années sans comprendre toujours que de capricieux, leur enfant était devenu intransigeant. Sans toujours relier ce qui se passe à la façon dont, avec beaucoup d'amour et de dévouement, elles ont répondu trop souvent aux désirs de leurs enfants et peut-être pas assez à leurs besoins. Qu'elles ont été trop mamans et pas assez mères, capables d'imposer des frustrations, des limites. Qu'elles ont eu des partenaires trop papas et pas assez pères.

Ainsi en cinq décennies nous sommes passés de l'enfant roi des années 1950 (à qui on ne voulait pas faire subir les privations liées à la guerre et à l'après-guerre) à l'enfant du désir des années 1970 (à qui on laissait croire qu'il pouvait obtenir, simplement en le demandant, tout ce qu'il souhaitait), pour en arriver à l'enfant terroriste relationnel des années 2000 (qui ne demande plus mais exige, impose et prend sans se soucier des possibles de la réalité). Un enfant qui vit souvent dans une confusion, une collusion entre fiction (films, télévision, jeux vidéo) et réalité. Un enfant qui n'arrive pas à différencier la part du réel d'avec son imaginaire et qui trouve le monde environnant nul, frustrant, agressif à son égard et auquel il va répondre par de la violence : violence contre ses proches ou tous ceux qui lui résistent. Enfant qui vit souvent dans une famille monoparentale ou recomposée, dans laquelle le père est souvent absent ou déconsidéré.

Ces mères bafouées, battues, n'osent pas pour la plupart demander de l'aide à un éducateur, un travailleur social qui pourrait s'interposer, poser des balises plus claires aux demandes de l'enfant, témoigner d'une autre représentation du monde.

Il me paraît important qu'elles puissent oser exprimer leur vécu, qu'elles puissent dire leurs limites et faire aussi appel à un tiers, pour assainir la relation avec leurs enfants. Il existe des numéros d'appel comme SOS Enfants, et peut-être allons-nous ouvrir des lignes pour SOS mères en détresse ! Mais l'enjeu est plus large, plus grand, plus profond : il est de s'interroger sur les grandes fonctions familiales, sur la capacité des adultes à non seulement concevoir, donner la vie mais à pouvoir l'accompagner face à une société de plus en plus intrusive, permissive et parfois toxique dans ses rapports avec les enfants.

Comment prévenir et permettre aux femmes de faire face aux violences qui sont déposées sur elles ?

Il y a beaucoup de femmes, de par le monde, qui sont violentées de multiples façons, que ce soit sur un plan moral, psychologique ou physique. Ces violences qui s'exercent sur des petites filles, sur des jeunes filles ou des femmes adultes ont toutes un trait commun : elles sont commises quasiment en toute impunité. Que ce soit dans la rue, au travail ou dans l'intimité des couples, ces violences, quelquefois répétitives sur la même personne, restent en effet trop souvent impunies. Ce qui veut dire que la plupart des agresseurs échappent à la sanction de la réalité sociale. Il faut ajouter que les peines sont souvent minimes par rapport aux dégâts causés, injustement minimes par rapport aux conséquences qui vont s'inscrire dans le développement d'un être humain, dans les blessures inscrites qui vont marquer profondément toute une vie.

Car nous vivons dans un monde où la violence envers les femmes en particulier est encore un des fléaux les plus déstabilisants. Il faut rappeler que la violence est un langage – langage de la frustration, de l'incompréhension, du désir déçu, non entendu, de la peur, de la domination qui veut s'imposer. Il ne s'agit pas d'angoisser les parents ni de les rendre responsables de ce qui peut arriver à leurs enfants et surtout à leurs filles, mais de les rendre plus attentifs, plus vigilants aux risques particuliers qu'encourent les filles dans le monde d'aujourd'hui.

La prévention de la violence doit se faire très tôt, dans l'éducation donnée aux filles et aux garçons. Elle devrait faire l'objet d'une vigilance constante de tous les adultes en charge d'enfants – parents, éducateurs ou enseignants – dans la façon dont nous les élevons. En effet, pour ce qui concerne la violence qui est faite (plus fréquemment par les hommes sur les femmes), beaucoup de choses se jouent en amont, dans l'éducation et surtout dans les messages qui circulent au travers des commentaires et des comportements des maris envers leurs femmes et que les enfants voient et entendent à table, dans la voiture ou dans les différents moments de la vie quotidienne.

Attirer aussi l'attention des parents, pour ne pas transformer leurs petites filles en Lolitas précoces (coiffure, vêtements, bijoux), autant d'excès avec lesquels certaines mères tentent de réparer plus ou moins consciemment leur propre enfance ou leur image d'elles-mêmes.

Veiller à accorder aux filles autant de place, de temps, de marques d'intérêt qu'aux garçons – ce qui n'est pas le cas aujourd'hui, les garçons bénéficiant de quelque vingt minutes de plus par jour d'attention de la part de leurs parents que les filles !

Apprendre aux filles à s'affirmer, à se positionner, à

mieux différencier leurs désirs et leurs besoins de ceux des garçons. Cela peut se faire dans une meilleure répartition des tâches ménagères, dans les petits services qui sont demandés à l'une et pas à l'autre (le garçon!), dans la façon dont les parents expriment leurs attentes et leurs propres désirs sur les uns et les autres.

Les éclairer sur les pseudo-amours qu'elles vont rencontrer, très tôt dans leur adolescence. Quand elles entendront un «je t'aime» qui signifie surtout «je te désire, je te veux». Quand elles apprendront à mieux s'aimer, pour être moins dans le besoin d'être aimées et de risquer ainsi de se mettre en dépendance, dans des conduites d'attente et de soumission envers leur partenaire.

Apprendre aussi aux garçons que leurs désirs ne sont pas tout-puissants, que certains d'entre eux vont se heurter au non-désir de l'autre. Ce dernier point se retrouvera souvent plus tard, dans le déclenchement de certaines violences conjugales, quand l'homme ne supporte pas de découvrir que ses propres désirs sont dépendants du désir de l'autre.

Les représentations multiples (publicité, cinéma, télévision) de la femme dans les médias sont souvent associées à l'image de la femme-objet plus ou moins passive, victime de violences de toutes sortes, qu'elles soient psychologiques et/ou physiques. Car aujourd'hui les frontières entre le virtuel et la réalité se chevauchent, se confondent, et quand aucune parole structurante n'est posée par les adultes, il y a collusion chez les enfants et par la suite chez certains adultes entre la fiction et le réel, une fiction qui est d'ailleurs construite comme du réel! La publicité fait un amalgame entre le désir potentiel envers une femme et la satisfaction liée à la consommation d'un objet présenté comme désirable et indispensable (cigarette, voiture, téléphone, lessive ou purée en sachet). Les stimulations au quotidien sont permanentes, 37 % de la publicité est tournée vers les enfants, il y a une érotisation permanente de la consommation face aux frustrations et aux insatisfactions du présent ou à l'angoisse du futur.

Il n'y a pas de solutions immédiates à cette situation, c'est tout un travail de fond à faire, à refaire. Le système consumériste est bien lancé, rodé, entretenu par les médias. Tout se passe comme si c'était à la femme de devoir en permanence se positionner, s'affirmer comme un sujet, un sujet différent et autonome. De se présenter comme un partenaire relationnel et non un objet à consommer en fonction des désirs de l'autre. Mais nous pouvons aussi utiliser les médias pour donner davantage la parole aux femmes, pour montrer un positionnement, une affirmation plus grande des femmes, qui mettraient en évidence les différences entre leurs désirs et leurs besoins face à ceux des hommes, des séquences qui valorisent les attentes des uns et les réponses possibles des autres.

C'est un combat de longue haleine, permanent, à mener au quotidien dans le travail, la vie sociale, la vie intime du couple, la vie familiale.

Depuis quelques années heureusement, les hommes semblent se réveiller, accepter mieux leur vulnérabilité, l'expression de leurs sentiments et de leurs ressentis, leur ouverture à des partages en réciprocité. Mais il reste important d'ajuster, de confronter les modèles éducationnels proposés aux filles et aux garçons. De favoriser une circulation plus grande de la parole des femmes, pour dépasser les confrontations disqualifiantes des uns et des autres, pour combattre les dénis, pour ne pas entretenir de dérives autour de jugements de valeur ou de conduites qui cultivent moqueries et dérisions, pour pouvoir faire se rencontrer des attentes qui ne sont pas toujours antagonistes.

Nous vivons une drôle d'époque

Je vis en France, je vais souvent en Suisse, deux pays où, je le crois profondément, nous avons les uns et les autres beaucoup de libertés. Liberté de dire (quand on trouve un interlocuteur suffisamment tolérant pour nous entendre), liberté de faire (quand on en a les moyens), liberté d'être (quand on a maturé ou grandi suffisamment de l'intérieur pour oser se définir), liberté de rêver et d'imaginer un avenir meilleur (quand on ne se laisse pas trop abattre ou contaminer par les vicissitudes ou les pollutions du présent). Et aussi liberté de s'informer, de se former, de s'engager dans des actions et des choix de vie qui correspondent à nos valeurs ou à nos moyens (quand on prend le risque de changer !).

Mais en même temps, dans ces mêmes pays, on nous encadre, on veille sur nous et parfois même on nous surveille, on nous conditionne en quelque sorte pour notre bien. Nous pouvons ainsi non pas être l'objet de manipulations, ce serait se laisser entraîner dans un imaginaire paranoïde dévasteur, mais glisser dans les méandres d'une pensée un peu trop formatée, des modes de comportements sociaux qui pourraient nous aliéner plus que nous pouvons le penser.

Nous sommes en effet confrontés à de multiples règles, obligations, contraintes, explicites et implicites, qui dans l'esprit de nos gouvernants devraient nous permettre de mieux vivre notre liberté et par là même de mieux être, mais qui se révèlent parfois ambiguës, voire pernicieuses. Avec l'irruption en particulier de menaces autour d'un terrorisme planétaire, susceptible de surgir au détour de notre quotidien, on nous contrôle, on nous vérifie, on nous incite à la méfiance, à la délation, on nous invite à surveiller notre voisin, pour notre bien, pour nous confirmer que nous sommes encore dans un pays de liberté et que c'est le prix à payer pour continuer à y vivre!

Drôle d'époque que celle où nous vivons dans une relative abondance (toujours dans nos pays) mais où nous côtoyons aussi au quotidien la pauvreté, la misère, l'injustice, la honte, la violence directe et indirecte qui traverse notre existence ou celle de nos proches.

Des prises de conscience successives ont accompagné ma propre vie : sur le gaspillage (tant d'objets inutiles que j'ai acquis et qui s'entassent dans des cartons), tant d'eau potable utilisée sans discernement, tant de chambres ou de salons laissés éclairés, ou de plaques de cuisson trop longtemps allumées et bien d'autres achats ou consommations superflus; sur ma façon de me déplacer (puis-je utiliser plus souvent mes jambes?), de conduire ma voiture (j'ai réduit ma vitesse de dix kilomètres au-dessous de celle qui est autorisée – il paraît, ai-je lu dans une revue, que si tous les Français pratiquaient cette règle, notre facture pétrolière diminuerait de 20 % !), etc. Je résiste aux leurres de la publicité, je tente de rester plus rigoureux, plus vigilant dans mes achats et en même temps ne pas me laisser (trop) culpabiliser face aux malheurs du monde dont j'ai des échos tous les jours à la télévision. Je me rassure en cotisant (goutte d'eau dans un océan d'injustices et de violence) à Amnesty International, aux Restos du cœur, à Médecins sans frontières, à Handicap International, en parrainant un enfant au Mozambique et en versant quelques oboles à bien d'autres associations humanitaires qui me sollicitent régulièrement.

Mais aujourd'hui toutes ces contradictions me déstabilisent, réveillent en moi des doutes, des révoltes, des violences latentes. Je pressens, sans trop savoir comment, que je participe par ma passivité, mon éclectisme, mon insouciance, mes diverses passions pour l'art et la lecture aux malheurs du monde. Je ne peux me défaire d'un malaise diffus, que dois-je faire de plus ? Comment influencer, tenter de concilier ce qui semble si éloigné, si antagoniste dans ce qui m'entoure ? Comment me mettre au service de ceux qui sont dans la survie, de ceux dont les besoins les plus élémentaires sont bafoués ou maltraités ? Comment peser, influencer, participer plus directement à une plus grande harmonie, à une meilleure répartition des richesses, à des actions durables pour la paix ? Je pressens qu'un engagement plus fort, plus ouvert va être nécessaire. Je ne sais pas encore lequel, mais il est au bord de ma vie actuelle.

Un grand saut à faire, pour devenir un peu plus un citoyen du monde.

Comment un projet devient-il vivant ?

Un projet devient vivant quand nous avons été capables de formuler, d'énoncer, de nommer un désir, de conscientiser un rêve, de nous heurter (sans nous décourager) à un peu d'impossible ! Cela signifie de pouvoir sortir ce désir de notre imaginaire, pour le confronter au réel.

Mais un projet ne devient viable que lorsque nous avons commencé à anticiper sa réalisation en le nourrissant par la recherche de moyens concrets qui permettront de le traduire en actes et donc de lui donner une consistance, un ancrage dans la réalité de notre vie.

Ainsi est-il possible par exemple, en début d'année, de ne pas hésiter à rêver de s'offrir quelques jours entiers pour soi-même et donc à bloquer une période sur notre agenda intitulée : « Semaine consacrée à moi-même ».

Quelques jours que nous allons extraire d'un quotidien répétitif, formaté et que nous allons réserver entièrement à nous-mêmes. Que nous pouvons décider de partager ou pas avec une personne proche, pour mieux nous rencontrer, échanger, lire, voyager ou simplement nous reposer.

Mais pour pouvoir mieux vivre ces journées qui n'appartiendront qu'à nous, il sera intéressant de prendre le temps de nettoyer notre esprit. De lâcher prise sur des ressentiments récurrents, de nous séparer des déchets ou des scories constitués par des plaintes, des accusations, des reproches qui peuvent circuler sur notre personne ou dont nous sommes porteurs envers notre entourage. De nous libérer aussi des interrogations, des pensées parasitaires ou des doutes qui nous polluent. Ce, afin de pouvoir nous sentir aussi frais, aussi nets, aussi ouverts que possible à la rencontre avec l'imprévisible.

Puis, quand le temps sera venu de réaliser notre projet, l'incorporer délicatement dans chacune de ces journées que nous nous offrons, avec quelques pincées de confiance, une ou deux cuillerées de tendresse, une grande louche d'abandon et de joyeuseté bien mélangés à quelques gouttes de passion.

Ne pas hésiter à arroser le tout de bisous légers et de quelques autres plus passionnés. Mélanger encore à de généreuses portions de douceur, de gaieté et de regards tendres fraîchement cueillis du jour.

Assaisonner avec quelques soupçons de rêves, une bolée de rires et une tasse pleine de bonne humeur.

Verser le tout dans un bol d'amour et, pour la présentation à nous-mêmes et à ceux qui nous entourent, décorer avec un grand sourire.

Ne pas hésiter à servir en ajoutant encore quelques copeaux d'acceptation inconditionnelle, finement découpés dans votre réserve de compassion.

Et à ce moment-là seulement, prendre le temps,

vraiment le temps de savourer ces journées de rencontre et de partage d'une part avec nous-mêmes, d'autre part avec ceux que nous aimons. Tout cela dans la délicatesse et la non-précipitation.

Si beaucoup de projets n'arrivent pas à maturité, c'est que nous voulons passer trop vite du rêve au réel, de l'idée à la réalisation, sans nous préparer intérieurement à vivre l'aboutissement et la plénitude de la réussite. Ainsi, beaucoup de projets n'arrivent pas à se réaliser car nous les bousculons, les annulons et les remplaçons par d'autres projets qui nous entraînent dans une dynamique d'agitation et de consommation préjudiciable au plaisir de vivre à temps plein un espace de vie unique.

Ne confondons plus rêves et projets, projets et réalisations, donnons à chacun de ces possibles le temps de mûrir, de grandir et de s'épanouir en nous.

« Débranche-moi… »

Un soir ma mère et moi étions assis dans le salon, tandis que les bûches dans l'âtre de la cheminée construite par un ancêtre inconnu, au siècle passé, chuchotaient discrètement et répandaient une chaleur douce. Nous parlions, elle et moi, des choses simples et compliquées de la vie : de l'amour, des enfants, de nos interrogations. De ces choses impalpables qui tissent l'intime des jours, de ces choses quasi irréelles et pourtant si vraies qui accompagnent les moments forts d'une existence.

Et puis, entre autres choses, nous échangions sur le thème de la vie et de la mort. Soudain, je n'ai pu m'empêcher de dire à cette femme, qui a plus de vingt ans que moi : « Maman, surtout ne me laisse pas vivre dans un état végétatif. Un état de légume, dans lequel toute mon existence dépendrait de machines, de gestes formatés d'inconnus qui décideraient pour moi quels sont mes besoins et mes désirs. Si tu me vois dans cet état un jour, débranche, surtout débranche les machines qui maintiendraient artificiellement ce qui reste de ma vie. » J'ai ajouté tout bas : « Je préfère mourir ! »

Alors ma mère s'est levée, j'ai vu dans son regard une incroyable admiration pour l'homme que j'étais devenu... Et elle a débranché successivement, sans aucune hésitation, le téléviseur, le lecteur de DVD, le câble d'Internet, l'ordinateur, le MP3/4, la PS2, la PSP, la WIFI, le téléphone fixe. Elle a pris mon mobile de secours, mon iPod, mon iPhone et les a jetés dans la poubelle. Puis elle a posé sa main sur mon bras en me disant : « Ne crains plus rien, mon chéri, tu le sais je suis toujours là ! »

J'ai failli mourir sur place !

Une société de sigles, un univers à décoder, un monde de fous !

Les industriels de tous bords ont développé depuis quelques années l'arme absolue pour stimuler l'appétit consumériste qui ne demande qu'à être réveillé en chacun de nous. Ils ont inventé un concept fabuleux : le NODEC (Nouvel Objet de Désir et de Convoitise). Ce concept les incite à créer en permanence des objets performants, novateurs, attirants, mais peu robustes, avec une fiabilité dans le temps réduite à quelques années – bientôt à quelques mois –, facilement démodés et donc essentiellement remplaçables. Chaque objet anticipant le suivant, encore plus attractif, indispensable, désirable, qui suscitera de nouveaux emballements, modes ou tendances.

Ils ont besoin pour cela de s'appuyer sur le DTP (Dépassement Technologique Programmé) d'un produit, ce qui justifie son remplacement. Ce qui permet à l'EPANC (Escroquerie Programmée Avec Notre Collaboration) de se répandre, tout en fréquentant assidûment les SAVI (Service Après-Vente Inutile).

Nous pourrions être tentés de résister et, pour pouvoir nous défendre, avoir recours (si nous connaissions leur existence) à des ACV (Analyste du Cycle de Vie) d'un objet, d'un produit, d'une marque capables de faire le bilan de tous les facteurs qui auront un impact sur l'environnement au cours de la vie d'un produit : matières premières (extraction, acheminement), degré de pollution par les émissions de gaz, de contaminations chimiques. Cela nous permettrait d'interroger notre conscience sur le bien-fondé commun (au-delà de notre simple plaisir ou intérêt) d'acheter et de favoriser ainsi la fabrication d'objets qui vont porter préjudice non seulement à notre propre santé mentale et sociale mais aussi à l'équilibre de la planète.

Nous pourrions apprendre ainsi le TKELFLC (Temps et Kilométrage Entre Lieu de Fabrication et Lieu de Consommation) et découvrir que certains yaourts arrivent sur notre table après avoir parcouru douze mille kilomètres, que le jean dans lequel nous nous détendons le dimanche a dû cheminer durant vingt-sept mille kilomètres, que les pièces détachées de notre voiture ont fait l'équivalent de deux fois le tour de la Terre (entre le sous-traitant, le fabricant principal, le concessionnaire et notre garagiste !)

Si j'accepte de refuser l'IAERPDM (Illusion Acceptée d'Être Rassuré Par Des Mensonges), peut-être que je renoncerai à acheter des fruits confits en sachant que les fruits d'origine, abricots, pêches, cerises, ou melon, ont pu séjourner entre trois et huit mois dans une cuve d'acide sulfurique pour être conservés, qu'à la suite de cela ils sont devenus tout blancs (et devront donc être recolorés !), saturés de sucre à 70 % ou 80 %, vérifiés avec un TCSG (Taux de Concentration de Sucre et de Glaçage), avant d'arriver en petite barquette sur ma table pour être ajoutés à la pâte du cake (farine à base d'OGM) que je veux préparer pour mes petits-enfants !

M'interdire de boire des jus de fruits, quand je sais que la pulpe vient du Brésil ou des Antilles dans d'énormes tankers (aussi grands que des pétroliers !) déversée dans des camions-citernes qui l'acheminent vers des usines de mise en bouteilles. Et là je n'ai pas connaissance du CMPBN (Coefficient Minimal de Pollution Bactériologique Normale), lequel d'ailleurs ne me rassurerait pas du tout.

Alors il ne me reste plus qu'à cultiver mon QDS (Quotient De Survie) ou encore mon EDSA (Espérance De Santé Aléatoire) avant de devenir l'équivalent d'un légume, hospitalisé à grands frais dans un établissement spécialisé !

En attendant je tente de me protéger, j'ai remplacé le thé, le café, les jus divers pour étancher ma soif par de l'eau chaude. Simplement de l'eau tiède, très savoureuse, désaltérante, pas chère, venant directement du robinet, et même si je sais qu'elle peut contenir des métalloïdes et autres substances plus ou moins digeste, je m'accroche, je tiens le coup, je vais renoncer à tous les sigles (enfin presque tous) pour libérer un peu de la mémoire de mon disque dur intime, afin de me consacrer à un peu de TLESCPRVM (Temps Libre Et Sans Contrainte Pour Rêver à une Vie Meilleure)… dans une autre vie certainement.

Le syndrome de la maladie sournoise, chez les ratons laveurs

« Papa est atteint d'une étrange maladie, me disait cette petite femelle raton laveur. Il paraît, selon le docteur, qui l'a dit à maman, qu'elle n'est pas vraiment rare, surtout chez les ratons laveurs mâles, mais comme les signes annonçant l'apparition de cette étrange maladie sont très diversifiés, et qu'ils varient selon les individus, on ne la reconnaît pas au premier abord. Quoique dans un couple normalement constitué on ait remarqué qu'ils se révèlent assez vite. Les spécialistes l'appellent, maman l'a lu dans Wikipédia, le "syndrome de la maladie sournoise". Un phénomène ultrarapide qui immobilise ces adultes et les empêche généralement de poursuivre toute activité relationnelle, surtout à la maison.

Les premiers signes apparaissent principalement le soir, au retour du travail, et se traduisent par une fatigue soudaine et anormale : le malade a du mal à garder la station debout, à cause d'une sorte d'engourdissement douloureux envahissant progressivement ses membres, d'abord inférieurs (d'où la nécessité absolue de se caler dans le canapé et de ne plus en bouger), puis, dans les cas les plus sérieux, les membres supérieurs, surtout après le repas du soir ou les dimanches après-midi, avec une propension certaine à la passivité, au laisser faire les autres, aux maladresses, voire aux tremblements, qui privent ces malades du plaisir de débarrasser la table ou de mettre leurs mains dans l'eau de vaisselle. Si la maladie n'est pas traitée à temps, il peut surgir de graves complications, notamment au niveau du dos et des lombaires, qui empêchent radicalement les malades de se baisser pour ramasser un objet ou déposer le moindre bol ou la moindre petite assiette dans le lave-vaisselle. Quant à aider pour faire le lit, c'est quasiment impossible, le seul fait d'imaginer qu'on puisse leur demander une aide les plonge dans une fatigue inquiétante et irréversible.

Dans 40 % des cas, selon Google, et 10 % selon le ministère de la Famille, dirigé de main de maître par un homme, la forme la plus grave du syndrome de la maladie sournoise est celle qui atteint la plante des pieds et même le pied tout entier. Les symptômes en sont toujours les mêmes : le malade ressent de grandes contractions dans les pieds, suivies d'une sensation de froid intense, ce qui l'oblige à demander à son plus jeune enfant (ravi de le faire) d'aller lui chercher ses pantoufles sous le radiateur, de lui proposer un jus de fruits plus ou moins alcoolisé. Ajoutons que dans les cas extrêmes il est recommandé aux familles d'avoir plusieurs enfants, au cas où le premier sollicité ne répondrait pas positivement à la demande du malade.

Il est à noter également que cette maladie s'accompagne souvent de réels symptômes psychologiques : le malade a l'impression de ne pas être aimé, ni compris, voire d'être rejeté par son entourage, quand celui-ci lui fait remarquer qu'il pourrait donner un coup de main ou de patte. Il supporte mal toute cette agitation qui se fait autour de lui, préparer le repas, mettre la table, surveiller les devoirs des enfants, les inciter à se doucher, à ranger leur chambre, alors que dans son état il aurait besoin de beaucoup de calme et de grand repos, surtout pour étudier les dernières nouvelles du jour, ou pour écouter tranquillement les résultats du tiercé. On dirait que toute la famille s'est liguée contre lui pour remuer les casseroles, agiter les couverts, maintenir la porte de la cuisine ouverte, et laisser brailler le petit dernier. Le pic de la maladie atteint son apogée vers 20 heures, heure du repas, ensuite on observe une accalmie jusqu'à un apaisement total vers 23 heures, heure où monsieur regagne sa chambre.

Y a-t-il un remède à cette maladie sournoise ? Nous avons interrogé le docteur Mabuse, spécialiste de la question. C'est une maladie de société qui ne cesse d'envahir nos foyers, a-t-il répondu, à cela point de remède, c'est une maladie endémique dont les formes varient avec la composition du foyer. Elles peuvent varier aussi avec le nombre d'enfants, celui-ci décuplant souvent l'ampleur du mal. La thérapie conseillée : réhabituer petit à petit les membres atteints à un plus grand exercice, rééduquer les pieds et les mains par des mouvements simples et quotidiens, débarrasser le malade de ses phobies premières, par exemple l'inviter progressivement à redécouvrir la cuisine et ses habitants sans être pris de stress et de crises d'angoisse. Dans les cas les plus graves, supprimer un temps la corvée de poubelle peut aussi accélérer la guérison. De même que la lecture du soir au petit dernier, surtout s'il dort à l'étage. C'est un peu à chacun de savoir doser ses efforts et d'adapter sa propre thérapie.

J'ai bon espoir de voir bientôt mon papa guéri et de le voir partager enfin avec nous toutes les grandes joies et aussi toutes les petites contraintes qu'implique la vie de famille. »

Les chagrins d'amour

Ils surgissent sans prévenir, car ils sont au cœur même des doutes sur l'amour. Ils envahissent parfois de façon soudaine tout l'espace de notre cœur et quelquefois de tout notre être quand nous abordons à « cet étrange moment où l'amour se mue en interrogation et trop souvent en souffrance »...

Bien sûr il y a les petits, les tout petits chagrins qui vont du vague à l'âme jusqu'à un pincement, là tout proche du cœur, qui nous inquiète et nous fait redoubler d'attentions. Et puis il y a les grands, les inconsolables chagrins d'amour avec l'immense détresse de se sentir mal aimé, abandonné et nié. Avec l'irruption d'une nostalgie lancinante, celle d'être passé à côté de quelque chose d'essentiel et de vital. Les petits, eux, sont semblables à des courants d'air qui peuvent aérer, stimuler une relation et parfois la dynamiser, ils sont la pluie au moment où les nuages cachent le soleil, nuages qui vont s'évaporer à partir d'un échange, d'un geste ou d'un regard plus tendre.

Les chagrins d'amour au quotidien, petits cailloux

blancs sur le fil étroit d'une rencontre amoureuse, sont capables, quand ils ne sont pas dévastateurs, de nourrir et de vivifier la vivance d'un amour.

Mais il y aussi des chagrins plus incisifs, qui éclatent tel un orage incontrôlable, quand la réalité de l'un blesse l'imaginaire de l'autre, quand la non-présence de l'un ne rencontre plus l'amour de l'autre, quand un autre amour est venu remplacer ou déloger un amour qui se voulait éternel.

L'amour s'accompagne parfois d'une maladie d'incomplétude qui nous oblige d'une certaine façon à prendre conscience de nos imperfections, de nos manques et aussi de ceux de l'autre. Car le plus souvent nous inventons un amour possible bien avant de le rencontrer ou de le fixer sur une personne. Et la relation, si elle s'établit, va confronter nos sentiments à ceux de l'autre, nos attentes à celles de l'être aimé, les apports de l'un avec les manques ou les trop-pleins de l'autre.

Les chagrins de l'amour ont beaucoup de visages et surtout de multiples langages pour se cacher, se sublimer, se dire ou se taire.

Mais le chagrin le plus violent, le plus terrible est la désertion de l'amour, quand arrive le désamour chez l'un ou l'autre. L'amour était là, ensoleillé et généreux, et un matin, il n'est plus présent : le gris du désintérêt et le froid de la non-tendresse, la mesquinerie des gestes, la pauvreté de l'écoute et surtout ce vide abyssal qui habite celui ou celle qui n'aime plus. Quand celui ou celle que l'on croyait encore aimant, tout proche s'absente, quand présent il ou elle est ailleurs, déjà loin de celle ou celui qui aime encore, quand il ou elle ne donne plus de Vie aux signes de vie, alors le cœur se rétracte, les pensées pleurent, les élans se heurtent à l'indicible, un fil invisible serre la gorge. Se découvrent quelques évidences autour de la vulnérabilité d'un amour ou de l'inconstance terrifiante d'un sentiment.

La veille encore, on riait ensemble, nos lèvres esquissaient des projets, nos mains se cherchaient et tous les jours ressemblaient à toujours. L'amour était là, fort, inconditionnel, présent, disponible, lumineux et sans retenue aucune. Et quelques instants plus tard, dans un aujourd'hui catastrophe, dans un tremblement de vie, il ou elle nous dit : « C'est fini, je ne t'aime plus, je pars, je te quitte, je n'ai plus rien à partager, à vivre avec toi. »

Nous avons la possibilité de nous transformer en victimes éperdues, blessées à mort, en accusateurs, en juges, en revendicateurs s'appuyant sur la sincérité de nos sentiments, sur notre propre fidélité, sur les ressorts innombrables de la culpabilisation : « Après tout ce que j'ai fait pour toi, c'est alors que tu me quittes ! », rien n'y fait. Rappeler les engagements pris ne nous aide pas, et cela risque de nous enfermer dans des ressentiments et des rancœurs durables.

Nous pouvons, parfois, avec une grandeur d'âme remarquable, au-delà de notre incrédulité ou de notre incompréhension, témoigner d'une écoute et même proposer notre assistance, pour que celui ou celle qui nous quitte puisse le faire sans se sentir coupable, sans trop s'en vouloir de nous faire mal. Mais le chagrin, au dur visage de l'injustice, ou de la trahison, ou encore de l'impuissance, quelques instants plus tard nous rattrapera, nous meurtrira le cœur et le ventre et nous éloignera d'un imaginaire trop idéalisé !

Nous pouvons aussi, tel un animal blessé, fuir, nous éloigner et nous perdre en solitude.

Mais nous pouvons aussi nous responsabiliser et, tout en respectant nos propres sentiments, toujours vivants, même si ceux de l'autre se sont détournés de nous, entrer dans le renoncement d'une relation qui nous paraissait si vitale, pour la transformer en souvenirs vivifiants jusqu'aux soirs des oublis.

À propos du terrorisme relationnel

J'appelle « terrorisme relationnel » celui qui sévit dans l'intimité des relations proches, qui est de plus en plus fréquent dans le monde du travail, et qui consiste à imposer sa volonté à quelqu'un, à le dominer, l'humilier, le dévaloriser ou le blesser psychologiquement et moralement. Ce terrorisme à base de relations dominant-dominé est quasi universel, il sévit partout, souvent silencieusement mais avec beaucoup d'efficacité.

Il nous arrive d'être sensibilisés, émus ou agressés par des images de violences liées à des actes terroristes, et un certain 11 septembre restera longtemps dans la mémoire de beaucoup, avant d'être délogé par un autre événement ou un souvenir encore plus inattendu, plus brutal… Le terrorisme relationnel, lui, se nourrit de pseudo-communications, il oblige à des silences, il entretient des non-dits, des malentendus. Il alimente la répression imaginaire en suscitant des peurs et des interdits, il sème le doute et la non-confiance chez celui ou celle qui en est victime. Il peut être à la base d'une violence endémique qui touche beaucoup d'enfants, face à des pères psychorigides,

des mères infantilisantes ou des parents violents. Il sévit au quotidien dans les actes de la vie familiale ou professionnelle, s'inscrit durablement dans la mémoire de nos corps, conditionne des habitudes de vie et des comportements qui vont empoisonner toute l'existence et même parfois se prolonger sur nos descendants, par un phénomène de transmission transgénérationnelle de messages toxiques.

Les armes banales du terrorisme relationnel sont l'injonction répétitive (parler négativement sur l'autre, l'étiqueter), la dévalorisation, les jugements de valeur, la disqualification systématique, le chantage affectif, les menaces réelles ou fantasmées, la culpabilisation, le maintien de rapports dominant-dominé...

Il est pratiqué souvent par des personnes proches, significatives, qui sont au cœur même de nos vies. Il se dépose dans des moments de notre existence où nous sommes le plus vulnérables, le plus fragiles ou le plus démunis... Il s'exerce de façon banale, subtile, voilée ou ouverte sur ceux qui en sont l'objet avec un aveuglement terrifiant, une intentionnalité qui semble, vue de l'extérieur, pleine de bons sentiments sincères ou de bonne foi et qui pèse avec une constance accablante.

« Aussi loin que je m'en souvienne, il n'est jamais sorti de la bouche de ma mère quelque chose de positif me concernant, me disait cette femme déjà grand-mère. Elle ne pouvait s'empêcher de m'humilier, de me dévaloriser, de mettre en évidence tout ce que je n'étais pas. Elle n'a jamais pu faire le deuil d'une fille imaginaire parfaite, qui lui avait permis de se voir comme une mère modèle, je ne pouvais que la décevoir. Et encore aujourd'hui, à cinquante-six ans, j'entends dans mes oreilles des phrases telles que : "Mais qu'est-ce que j'ai fait au bon Dieu pour avoir une fille aussi laide… De toute façon avec le caractère qu'elle a, personne ne pourra l'aimer… On n'arrivera jamais à rien avec elle, elle n'est douée sur aucun plan, sinon se montrer désagréable chaque fois qu'elle le peut… J'ai bien tenté de la dresser, mais la vie s'en chargera… J'ai gagné le paradis avec elle !" »

Un homme me racontait : « Pour mon père, il ne fallait jamais se plaindre : "Il n'y a que les filles qui se plaignent !" Un soir, ma mère étant absente pour plusieurs jours, je me suis plaint d'avoir mal au ventre. "Ce n'est rien, si tu commences à te plaindre pour rien on n'a pas fini d'en entendre…" fut sa première réponse. Par la suite, il me chassa de la table : "Tu n'as qu'à aller pleurnicher dans ta chambre, et n'oublie pas de fermer la porte !" Mes douleurs augmentant, j'ai tenté de cacher mes cris dans l'oreiller, mais à deux heures du matin, je hurlais comme un possédé et une voisine est venue frapper à la porte, c'est elle qui a appelé le Samu et qui m'a accompagné à l'hôpital pour être opéré d'urgence d'une péritonite. Mon père a refusé de venir me voir, outré que j'aie pu me plaindre au point d'alerter le voisinage. Pour lui j'étais un mauvais fils, qui faisait honte à son père ! »

Nous nous construisons ou nous détruisons à partir de la qualité ou des carences de la relation qui nous est proposée par nos parents, par nos proches et par les personnes significatives de notre histoire. Nous allons bâtir l'essentiel de nos schémas relationnels et de nos conduites à l'égard du monde à partir des messages émis dans ces relations et qui vont constituer autant d'ancrages positifs ou négatifs dans la construction de notre relation aux autres. Les messages négatifs à répétition se révéleront toxiques pour celui qui les recevra : « Tais-toi ! Tu ne sais pas ce que tu dis, tu es vraiment un incapable, tu n'arriveras à rien sans nous, regarde comme tu fais de la peine à ta mère, si elle est malade c'est de ta faute, on ne peut pas te faire confiance, tu finiras comme un clochard... »

Dans certains couples sévit le terrorisme relationnel, en particulier quand l'un veut imposer son désir à l'autre : « Si tu m'aimais, tu aurais envie de faire l'amour quand j'en ai envie », « Si tu tenais à moi, tu me ferais cet enfant », « Si j'avais un minimum d'importance pour toi, tu renoncerais à la voile (ou à la montagne, ou au tennis...) » ou encore : « Moi je t'aime, donc tu n'as pas le droit de me quitter », « Si tu t'en vas, ne compte pas avoir les enfants, je ferai tout pour te les enlever », « Je préfère te tuer que de te voir aller avec un(e) autre ! »

Dans les relations professionnelles, le terrorisme relationnel est mis en évidence autour du harcèlement moral, de perversités infligées pour déstabiliser, blesser, meurtrir l'autre, garder le pouvoir sur lui...

La somme de toutes ces mini-violences diffusées dans l'intimité des familles, des couples, ou dans le cadre plus large des relations professionnelles et sociales, est largement supérieure à celles qui nous sont montrées à la télévision dans les films policiers ou les thrillers. Même si elles sont moins meurtrières immédiatement, elles tuent à petit feu, empoisonnent une existence et laissent des traces douloureuses sur plusieurs générations.

Construire ses vacances en couple et en famille

Il ne suffit pas de décider (seul ou avec un partenaire privilégié ou encore avec des proches) du lieu de nos vacances, de prévoir un budget, d'organiser et de planifier un voyage, de libérer du temps ou d'anticiper des activités, des sorties, des soirées dansantes ou autres. Peut-être faut-il aussi accorder beaucoup d'attention à la nature de nos communications (le fait de mettre en commun), à la solidité des liens, à la qualité de nos relations avant, pendant et après ce temps de vacances, si longtemps espéré, rêvé à l'avance ou totalement improvisé dans un mouvement d'affirmation qui surprend l'entourage.

Il faut savoir que les vacances représentent un espace où nous allons pouvoir nous rencontrer, nous redécouvrir, parfois changer, en accélérant des évolutions laissées en jachère depuis longtemps dans la vie d'une femme ou d'un homme. C'est un espace où se rencontrer soi-même, s'accorder un peu plus d'attention, de soin, d'intérêt, de liberté d'être, où oser rêver aux possibles et à l'impossible, où lâcher prise sur des contraintes, libérer des énergies nouvelles soudain disponibles pour entrer dans l'imprévisible.

Les vacances sont aussi l'occasion de rencontrer l'autre, de « relationner » de manière plus étroite, plus intense avec nos proches. Ce qui veut dire aussi de ne pas tout prévoir à l'avance, de ne pas enfermer l'espace des vacances dans des projets trop structurés pour pouvoir prendre le temps de dialoguer, d'échanger avec un partenaire intime (un amoureux, un conjoint), avec nos enfants, des parents ou des amis éloignés qui sont disponibles pour des retrouvailles, des partages.

Dans beaucoup de cas, les vacances commencent mal. Elles vont être violentées par de l'agitation, des tensions, des urgences à régler, mille détails à ne pas oublier, à engranger non seulement dans des valises ou des sacs, mais aussi dans notre tête, notre mémoire – quel découragement de découvrir que les petits billets sur lesquels étaient notés les ultimes recommandations, les points à ne surtout pas oublier ont disparu mystérieusement justement à l'instant où nous en avions le plus besoin !

Il y a aussi la question essentielle des contentieux endémiques qui irriguent souterrainement des conflits et des non-dits : qui décide, impose plus ou moins ouvertement d'aller à la mer, à la montagne, chez ses parents ou beaux-parents ? Qui a pris la décision de reculer d'une semaine la date de départ, d'inviter un ami ou un parent ? Qui s'est brûlé la main la veille du départ, tordu la cheville, qui a oublié de faire la vidange de la voiture, de réparer une valise ? Qui découvre que la date de validité du passeport est dépassée, qu'il serait important de faire un détour sur la route des vacances (à l'aller ou au retour) pour voir un parent, un ami, un collègue de travail ?...

Cet espace des vacances doit permettre l'inouï de la rencontre avec soi tout en restant présents aux autres, le temps de la découverte de nos plus chers besoins afin de re-naître encore plus vrais, d'apprécier et embellir avec nos proches le cadeau qui nous a été offert : la Vie.

De la rencontre amoureuse à l'engagement dans une relation de couple

La rencontre amoureuse se fait ou plutôt se vit à partir d'une attirance ou de la découverte d'une affinité commune, d'un désir en réciprocité ou encore de l'émergence d'un accord possible, souhaité ou porté par un sentiment amoureux naissant chez l'un et chez l'autre.

La rencontre amoureuse se vit au présent. Elle est souvent chargée d'impatience autour du désir (parfois du besoin) de la présence de l'autre, de son regard, de son attention ou encore de sa disponibilité, voire du partage de son intimité. Les projets évoqués le sont à court terme, centrés sur le plaisir d'être ensemble, de se confirmer mutuellement, d'inscrire du rêve en soi et chez l'autre. Car rêver, anticiper des échanges et des partages est un moteur puissant qui va nourrir de façon satisfaisante (ou parfois insatisfaisante) la relation qui se cherche et tente de se construire dans la durée.

Le passage de la rencontre amoureuse à la relation de couple se structure autour de quatre principaux ancrages :

- La capacité à s'allier.
- La capacité à s'engager.

- La capacité à se projeter dans l'avenir.
- La capacité à se proposer une relation vivante et respectueuses des valeurs, des attentes et des zones de vulnérabilité de chacun.

Nous allons commenter chacun de ces points et voir ainsi l'impact de l'engagement (capacité à s'investir, à devenir fiable, à se lier) sur chacun.

Capacité à s'allier

Pour cela, et c'est l'évidence même, il convient d'être délié. Délié ou suffisamment distancié des relations structurantes de sa propre histoire et en particulier de la relation à la mère (importante autant pour le garçon que pour la fille), de la relation au père (parfois très importante pour la fille). Il sera difficile de se délier et donc de s'allier (de faire alliance) si les attachements, la culpabilité liée à la possibilité de s'éloigner de la famille, de donner son amour à quelqu'un d'autre, à un étranger sont ressentis comme un abandon, une trahison par les proches. Également si la pression familiale est présente pour guider le choix (tenter d'imposer) vers un partenaire de tel niveau culturel, ethnique, religieux.

Le conflit de fidélité qui peut naître chez certains limitera la profondeur et la portée de l'engagement qui pourrait être pris par l'un ou l'autre de faire alliance, de se marier, de construire un couple. Il en sera de même si l'un des partenaires n'est pas suffisamment délié, distancié d'une précédente relation amoureuse ou si ses priorités personnelles (travail, passion pour un sport, une activité créatrice) sont essentielles. Dans ce cas, son engagement envers l'autre sera implicitement second (même s'il n'est pas reconnu comme tel), car il s'investira en premier dans ses choix ultérieurs ou parallèles.

Capacité à s'engager

Cela veut dire être capable (et avoir les moyens) de témoigner d'un lien particulier, unique, fiable avec la personne auprès de laquelle on se propose de vivre, de partager une intimité de temps, de territoire, de projets et surtout un abandon (dans le sens de s'abandonner, de se donner entièrement) dans une relation sexuelle : « C'est bien toi que j'ai choisi(e). » Et nous savons que choisir, c'est être capable de renoncer. Il faut donc une certaine maturité pour mettre en œuvre cette capacité de renoncement. Maturité dont le signe le plus évident sera la possibilité d'avoir une autonomie affective, matérielle suffisante pour ne pas faire dépendre la satisfaction de ses besoins de l'autre, car le prix à payer serait une mise en dépendance, dans laquelle l'engagement ne serait plus un choix mais une obligation.

Capacité à se projeter dans l'avenir

Souvent chacun des partenaires d'un couple a un rêve de vie qu'il projette sur l'autre. En lui donnant, implicitement, la mission de le réaliser ou en réclamant (exigeant ?) de l'aide pour le concrétiser… Par exemple aménager ou construire un territoire en commun, avoir des enfants, vivre à la campagne (ou à la ville), se soutenir mutuellement pour des actions créatives, des engagements citoyens et militants, des épreuves à traverser, vieillir ensemble…

Cette projection dans l'avenir suppose un engagement à soutenir, à épauler, à donner de son temps, de ses ressources, de sa créativité pour œuvrer à la réalisation d'un rêve de vie (parfois très différent) qui habite l'un et l'autre.

Capacité à se proposer une relation vivante

Cela suppose un engagement intime de tous les jours, associé à une vigilance, une écoute ouverte.

Il faut savoir que le couple est un des lieux de vie (comme la famille d'origine, l'école, le monde du travail se devraient de l'être) où les besoins relationnels des partenaires pourraient être satisfaits ou, tout au moins, entendus et respectés.

Ces besoins relationnels sont :

- Le besoin de se dire avec des mots à soi, dans chacun des registres suivants : au niveau des idées, des ressentis, des sentiments, des émotions, des croyances et du faire. Chaque femme et chaque homme dit des choses différentes dans le registre du faire. Que ce soit le ménage, la cuisine, le jardin, le bricolage ou l'entretien de la voiture.

- Le besoin d'être entendu dans chacun des registres énoncés ci-dessus. Ce qui ne veut pas dire être approuvé, mais accueilli, reçu.
- Le besoin d'être reconnu pour ce que je suis et non pas uniquement pour ce que je fais.
- Le besoin d'être valorisé, d'avoir le sentiment que ma personne, mes idées, mes croyances, mes sentiments, mes actions ont de la valeur.
- Le besoin d'intimité, de disposer d'un espace et d'un temps auxquels l'autre n'ait pas accès sans mon accord, dans lesquels il ne fasse pas irruption à tout propos.
- Le besoin d'exercer une influence sur mon environnement proche et donc de ne pas être toujours soumis à l'influence de l'autre. Une alternance des positions d'influence (celui ou celle qui définit la relation à un moment donné) est le signe d'une relation vivante.
- Le besoin de rêver, de rêver que demain sera meilleur qu'aujourd'hui et qu'après-demain sera encore meilleur que demain. Dans un couple la réponse à ce besoin donne une grande sécurité intérieure, elle est le signe d'une fiabilité de l'engagement vers l'avenir.

Nous avons ainsi parcouru la gamme de quelques-uns des engagements nécessaires pour construire une relation de couple solide et assurer sa pérennité dans le temps.

À propos de l'écoute active

C'est, parmi toutes nos attentes, une de nos demandes les plus fondamentales et peut-être la plus exigeante : être écouté, se sentir entendu.

Être écouté, c'est sentir que ce que l'on dit arrive bien jusqu'à l'autre, que notre discours (l'ensemble des mots qui viennent de nous en direction de l'autre) a bien été reçu, sans se perdre entre les deux. Car il ne suffit pas de s'exprimer (faire que ce qui est à l'intérieur passe à l'extérieur), encore faut-il éprouver que cela a été accueilli par celui que l'on a choisi comme interlocuteur.

Mais nous voulons aussi, pour la plupart d'entre nous, être entendus. Être entendu, c'est-à-dire avoir la sensation que l'autre a accueilli notre expression non seulement sans se l'approprier, ni la déformer, mais aussi sans la juger ou la commenter. Ressentir également que notre parole ne s'est pas perdue, qu'elle travaille en lui, qu'elle éveille un écho dont nous avons aussi parfois besoin. Autrement dit, qu'au-delà du discours l'autre a entendu le message, ce que je dis d'essentiel, de vital en parlant de ce qui me tient à cœur : mon métier, mes sentiments, mes rêves ou projets, mon frère, ma femme ou mon mari.

Pour simplifier, nous dirons qu'écouter porte sur le discours exprimé, entendre sur le message envoyé.

Pour me sentir écouté, il suffit que je sente la disponibilité, l'ouverture de l'autre. Pour être entendu, j'ai besoin de quelque chose de plus : sentir l'autre centré sur moi et non sur le problème, sentir quelque chose de l'ordre de la bienveillance, de l'empathie. J'appelle « écoute active » cette forme d'écoute qui ne se laisse pas entraîner.

« Vous savez, mon mari ne me respecte pas, il est grossier avec moi et même parfois violent.....

– Oui, j'entends que vous ne vous sentez pas respectée par votre mari, que vous le ressentez comme grossier, violent. Pouvez-vous me dire ce qui se passe alors en vous, quand il est comme cela ?... »

Par l'écoute active on passe ainsi du *faire* à l'*être*. Avec l'aide d'un questionnement respectueux, d'une invitation à en dire plus, nous proposons à la personne de rester centrée sur elle-même, de ne pas s'égarer dans un discours sans fin, sur ce qu'a fait, pas fait, dit ou pas dit celui ou celle dont elle nous parle.

« Vous n'avez aucune idée de la façon dont mon père me traitait, d'ailleurs il voulait une fille et je sais que je l'ai déçu en naissant garçon...

– Vous pouvez m'en dire plus sur ce que vous éprouviez quand votre père vous "traitait", comme vous dites ?... »

Par l'écoute active, on veille à ne pas laisser la personne s'égarer à propos de l'autre, à lui éviter de continuer à produire le même discours répétitif, accusateur, plaintif sur l'autre, mais à rester à l'écoute de ce qu'elle vit.

« Mon patron est un vrai sadique avec moi, il n'arrête pas de me disqualifier devant mes collègues et je le soupçonne de vouloir se débarrasser de moi…

– Vous me dites la position et l'attitude de votre patron, pourriez-vous me dire quelle est la vôtre ? Quelle est votre attitude, votre position vis-à-vis de lui et qu'envisagez-vous de faire quand il se comporte comme vous dites ? »

Par l'écoute active, il est recherché, outre une prise de conscience du comportement de celui ou celle qui nous parle, une mobilisation différente, un début d'action nouvelle, pour entraîner un changement possible dans la situation.

Un accompagnant ou un écoutant actif reste centré sur la personne, car celle-ci est plus importante que le problème. Ce n'est pas ce qui s'est passé qui est central, ni pourquoi cela s'est passé, c'est comment cela est vécu, intériorisé douloureusement par celui ou celle qui le vit. Sinon, quand on essaie de comprendre, d'expliquer avant d'entendre, il y a le risque de rechercher une pseudo-réassurance. Ce qui me paraît le plus essentiel, la pierre angulaire sur laquelle peut s'appuyer l'écoute active, c'est la manière dont tel événement, telle parole, telle situation a été vécue par la personne qui nous parle.

L'écoute active distinguera ce qui relève du fait (ce qui s'est passé, où, quand, comment, avec qui ?), du ressenti (ce qui est éprouvé, ressenti) et du retentissement (ce qui est réveillé, réactivé du passé récent ou plus lointain) à partir de l'événement vécu. « Quand samedi dernier, au marché, cet homme m'a mis la main aux fesses, j'ai senti de la colère et une envie folle de le gifler, de faire un scandale, puis un sentiment de honte profond est monté en moi, j'avais envie de disparaître, de me cacher. Cela m'a rappelé mon oncle André, le frère préféré de ma mère, qui tentait toujours de me tripoter… Mais je sentais que je ne pouvais pas en parler, car j'imaginais que ma mère m'aurait traitée de folle ! »

L'écoute active distinguera aussi ce qui relève du domaine des idées, des généralisations, de ce qui appartient en propre à la personne. « Depuis un moment nous parlons de l'avortement, mais peux-tu me dire quelle est ta position à toi sur l'avortement ? »

Grâce à l'écoute active, on ne confondra pas la croyance (ensemble des convictions de la personne) avec ce qu'elle imagine, pense ou anticipe. On ne peut pas communiquer sur des croyances, seulement en témoigner ou confirmer que nous avons bien entendu la croyance de l'autre. Toute croyance appartient à celui qui l'a.

Ainsi, il est possible, par l'écoute active, de ne pas entretenir de dépendance, d'assistanat ou même de complaisance dans la victimisation, qui semble aujourd'hui dominer non seulement dans beaucoup d'échanges intimes, mais aussi dans ce qu'il est habituel d'appeler une « relation d'aide ».

Pour résumer, je dirais que l'écoute active est une des réponses parmi les plus dynamiques à la plupart de nos besoins relationnels fondamentaux. Besoin de se dire, d'être entendu, reconnu, valorisé, d'avoir une intimité respectée, et de sentir que l'on a la possibilité d'une influence limitée sur autrui ou notre environnement. L'écoute active sera donc celle qui, au-delà de l'expression, permettra une mise en commun vivante, créatrice et stimulante pour créer par la suite des relations en santé et surtout pour pouvoir proposer des relations non violentes.

Et si on apprenait la communication à l'école ?

Ceux qui me lisent ou me connaissent savent que c'est à la fois ma passion, mon utopie et l'un de mes ultimes combats : que l'on puisse un jour apprendre la communication à l'école comme une discipline à part entière !

Il est possible d'apprendre à communiquer autrement qu'au travers des oppositions, des affrontements ou des dénis, comme ceux que nous entendons actuellement dans les cours de récréation ou dans certaines familles. Il suffit de proposer et de respecter quelques règles d'hygiène relationnelle simples.

Je ne prétends pas que ce soit une démarche facile, je dirais même que c'est un chemin exigeant car nous avons à remettre en cause quelques-unes de nos croyances, de nos habitudes et de nos conditionnements. Et surtout, il faut que nous développions une qualité devenue de plus en plus rare : oser respecter autrui tout en se respectant soi-même.

À l'époque où je dirigeais une maison d'enfants délinquants, le petit Edouard, que l'on appelait Doudou, m'a dit un matin du haut de ses douze ans : « Je ne veux pas seulement être écouté par tous ces éducateurs, je veux surtout être entendu… »

Être entendu, pour un enfant, cela veut parfois dire dans son esprit être satisfait ou comblé par la réponse de l'autre. Pour éviter cette collusion entre être entendu et se sentir comblé, nous aurions besoin d'utiliser la confirmation : « Oui, j'ai entendu ta demande : tu souhaiterais sortir ce soir, mais ma réponse à cette demande est non. Et je vais être mal placé pour t'aider à vivre ta frustration ou ta déception puisque j'en suis à l'origine ! »

Sarah, la fille de mes voisins, me prend à témoin : « Sitôt que j'ai un pied dans la maison, ma mère me harcèle de questions : comment ça s'est passé ? Est-ce qu'en maths (mon point faible) ça a marché ? Où j'en suis avec mes copines ? Et que se passe-t-il exactement avec Bruno dont elle a appris, sans que je lui en parle, qu'il m'accompagne sur le chemin de l'école, à l'aller comme au retour ? Ce n'est pas marrant de lui rendre des comptes, je ressens cela comme une intrusion. J'ai quatorze ans quand même, j'ai le droit d'avoir un jardin secret ! »

« Moi, me dit François, je sens que les questions de ma mère ne s'adressent pas vraiment à moi, elles ne vont pas réellement dans ma direction, mais vers la sienne. Je sens bien qu'elle est angoissée, inquiète, soucieuse de ma réussite et de ce qui pourrait m'arriver. Depuis quelque temps, je me sens l'objet d'une escroquerie de sa part, dans le sens où elle essaie de gérer ses peurs à travers moi ! Elle pourrait quand même s'en occuper directement, au lieu de déposer ses angoisses sur moi : c'est trop lourd à porter ! »

Sa meilleure copine, Marion, enchaîne : « Avec mon père c'est différent. Quand je tente de parler avec lui, pas de discuter, seulement de lui parler, d'échanger, sitôt que j'amorce un sujet, il se lance dans des explications. Mon père est sans complexe, il a réponse à tout : pas de problème pour lui ! Ça irrite maman, qui n'arrête pas de le disqualifier, mais moi ça me gonfle. Ça stérilise par avance tout ce que je voudrais lui dire. L'autre jour, j'ai fait une dernière tentative : "Papa tu as vu à la télé, ils ont repassé l'attentat du 11 septembre, quand l'avion des terroristes est entré dans les tours. Les gens se jetaient par la fenêtre, je ne sais pas si j'aurais eu le courage de faire ça, moi !" Et aussitôt il embraye : "Les terroristes devaient être sacrement organisés et compétents : tu as vu comment le Boeing a tourné ? À cette altitude, il faut être très fort ! Je me demande comment les services secrets n'ont rien vu venir !..." J'avais envie de lui dire : "Mais ce n'est pas de l'habileté des terroristes que je te parle, ni de l'incompétence des services secrets. Je te parle de moi, de moi qui imagine que j'aurais pu être dans cet immeuble, de ma peur de mourir écrasée en me jetant par la fenêtre." J'avais envie de pleurer, de lui crier : "Tu n'entends jamais rien, papa ! Je t'aime et tu es toujours à côté de la plaque quand je tente de te parler..." »

Dans un collège technique, je m'adressais à un groupe d'adolescents. Je prétendais que les parents étaient là pour répondre à leurs besoins mais pas nécessairement à leurs désirs… « C'est quoi déjà ce truc sur les besoins et les désirs ? a répliqué un jeune. Nous, pendant la pause, on en a discuté, on n'est pas d'accord. Désirs ou besoins, c'est pareil pour nous ! Quand t'en as, faut les satisfaire, sans quoi on crève. Un désir, faut le réaliser, sinon t'es pas un mec. Quand t'as un désir, faut pas le laisser passer, tu ne sais pas si tu seras vivant demain, mec. Faut prendre tout de suite, sinon t'es baisé. Regarde ceux qui ont du fric, ils n'hésitent pas, eux : bagnoles, costards, pépés comme des mannequins ! Même les flics, ils leur foutent la paix… »

J'ai tenté d'aller un peu plus loin : « Supposons que tu aies le désir que ton prof te foute la paix en ne te posant pas de questions. Et que lui pense qu'il est là pour répondre non pas à tes désirs, mais à ton besoin de savoir et de pouvoir répondre correctement à un devoir de mathématiques. Que ton besoin, même si tu veux l'ignorer, est d'apprendre la rigueur, d'organiser tes idées… Eh bien il va répondre à ces besoins-là, mais pas à ton désir !

– Ouais, mais moi je n'ai pas besoin de perdre du temps sur un devoir débile, j'ai besoin qu'il me laisse tranquille. De toute façon, ça sert à rien les études, regarde tous ces types qui sont au chômage, qui glandouillent toute la journée avec des diplômes plein la tronche ! Eux, ils ont perdu leur vie deux fois : une fois pendant leurs études et une autre fois maintenant ! Moi, je n'ai pas envie de perdre ma vie plusieurs fois, j'ai envie de la vivre tout de suite, sans perdre de temps… »

Avec des adolescents rebelles ou marginalisés, surgit souvent très vite ce faux argument : « Mais ça sert à quoi de parler ? De toute façon, on est baisés. L'adulte, il veut toujours avoir raison, donc faut pas se laisser avoir. Moi, j'ai pas besoin de parler, je cogne. Ou je m'écrase quand je vois que ça va mal tourner pour moi, si je suis le moins fort. Mais de toute façon, il y en a un qui va déguster. Moi je te le dis, le premier que je rencontre dans la rue, c'est sa fête ! »

Pour ma part, je n'ai pas le sentiment de perdre mon temps, individuellement. Je sens que je sème quelques graines, et que mettre des mots et surtout proposer un éclairage, une différenciation ou une confrontation permet d'ouvrir quelques brèches dans les comportements, pour dépasser le réactionnel et dévoiler un horizon moins gris, plus bleu.

Heureux traité

Cet ami partageait, un soir de lâcher-prise, ces quelques réflexions avec moi : « Même si je ne suis pas toujours bien traité par mon environnement (ce qui me désole parfois !) ou par mes proches (qui parfois ne s'accommodent pas très bien de mon caractère ou de mes lubies), je me sens pourtant un *heureux traité.* » Devant mon air dubitatif, car je ne saisissais pas le sens de cette expression, il compléta sa pensée : « Depuis que je suis libéré de mes tâches professionnelles – il fit une grimace –, depuis que je suis à la retraite – double grimaces, puis sourire –, je me sens plutôt un heureux traité. Tu me connais, ajouta-t-il, le terme "retraité" ne me convient pas, ne correspond pas à mon dynamisme, à ma passion pour la vie. Il y a d'ailleurs dans ce mot un aspect défaitiste qui me renvoie aux campagnes militaires décrites dans les manuels d'histoire de mon enfance, quand un général décidait la retraite, c'est à dire que, pressentant qu'il allait être battu, il décidait de sortir d'une situation qu'il considérait comme catastrophique pour lui, ce qui voulait dire qu'il renonçait à aller plus loin ! Faire retraite, c'est se retirer et je n'aime pas ça ! »

Et soudain j'ai aimé cette expression, « heureux traité », dont le bien-fondé me sautait aux yeux. J'ai décidé de la faire mienne, moi qui suis censé être à la retraite, sans avoir pour autant perçu une diminution dans mes activités ni senti que j'avais plus de temps libre. Je me sens un heureux traité dans tous les sens du terme. Par les comportements de mon entourage proche, d'une part, qui veille sur moi, qui m'entoure de bienveillance, d'attentions nouvelles, de marques d'intérêt réel sans trop de protectionnisme ou d'infantilisation (ce que je peux parfois observer chez les proches d'une personne âgée). Et, d'autre part, heureux traité par moi-même. Et cela sur plusieurs plans : alimentaire (je mange moins, j'ai quasiment supprimé le repas de midi, ressenti comme inutile, ne correspondant pas à mes besoins réels), sur le plan du temps que je peux m'accorder pour lire, rêver, prendre soin de mon corps à partir de quelques exercices physiques, que je suis avec une régularité qui m'étonne, moi qui avais tendance à me disperser, sur le plan des plaisirs que je prends à m'inventer des situations heureuses, à oser vivre des rencontres qui ne sont pas chargées d'attentes ou de désirs inaccessibles, de demandes impossibles.

Heureux traité donc pour de multiples raisons, avec des objectifs et des moyens conciliant les ressources et les limites qui sont les miennes, celles de mon âge, de mon regard sur le monde, des ancrages, des engagements et des choix que j'ai faits tout au long de mon existence et qui soutiennent mon cheminement de vie.

L'impérialisme du ressenti, et parfois des sentiments

S'il est important de respecter son ressenti et de le considérer comme une référence possible, il me paraît souhaitable également d'être capable de le relativiser, et surtout de renoncer à l'imposer à autrui comme s'il devait être pour lui aussi sa référence. Celui qui perçoit avec les ressources de son corps éprouve des sensations et accède à sa propre compréhension de la réalité. Il la capte avec sa sensibilité et ses références à lui. Cela étant, il doit se garder de donner à tout ce qu'il éprouve une valeur absolue.

Quand je dis que j'ai froid et que l'autre réplique que le radiateur est à vingt-huit degrés et qu'il trouve, lui, qu'il fait suffisamment chaud, il y a là deux ressentis différents qui, en réalité, n'ont pas besoin de s'opposer, mais seulement de se confronter. Une perception différente d'une même réalité est très répandue dans les relations humaines, y compris avec des proches. Elle entraîne souvent des heurts et des incompréhensions lorsqu'elle s'exprime en opposition et non en apposition !

Quand j'exprime que je ne me sens pas entendu, cela ne veut pas dire que l'autre n'entend rien, mais seulement que je n'ai pas senti cet accord, cette plénitude en moi, ce bien-être que j'éprouve quand je vis en moi la perception intime que mes mots sont bien arrivés jusqu'à l'autre, qu'ils ne sont pas « tombés entre nous » ou ne se sont pas perdus ailleurs. Bref, que mon expression a été reçue dans toutes les dimensions qu'elle comprenait.

Suite à un appel téléphonique, il se peut que je dise à mon correspondant que j'ai décroché parce que j'attendais un appel important et que je n'étais pas disponible pour lui. S'il insiste pour me demander ce qui ne va pas entre nous, un malaise peut s'installer. J'ai envie de dire que ce qui ne va pas entre nous, c'est qu'il me met mal à l'aise puisque je ne souhaite pas continuer la conversation et qu'il me bloque au téléphone alors que je voudrais raccrocher pour libérer la ligne. Nous sommes là face à un malentendu très fréquent, celui où s'affrontent deux ressentis, dont aucun n'est acceptable... surtout par celui qui ne l'éprouve pas !

Quand cette amie à qui j'ai demandé le service d'aller chercher un de mes enfants à la gare voisine accepte puis me dit plus tard qu'elle s'est « sentie exploitée » par moi, je ne peux qu'entendre son ressenti, même s'il est aux antipodes du mien. J'ai, à travers cette demande à son égard, exprimé une marque de confiance inouïe : lui confier un de mes enfants. Ce qui n'est pas perçu comme tel. Je peux aussi entendre que le reproche exprimé autour du sentiment d'exploitation se joue sur un autre plan (c'est-à-dire qu'il touche à d'autres circonstances que cette situation), et qu'il suscite ou réveille une frustration plus grande que le fait concret d'aller chercher un de mes enfants à la gare.

Un des décalages les plus importants se situe souvent autour du sentiment amoureux, lequel nous laisse croire que notre sentiment est semblable à celui de l'autre qui dit aussi nous aimer. Nous découvrons par la suite que nous n'avons pas le même vécu et que ces deux sentiments sont si dissemblables qu'ils vont avoir du mal à s'accorder.

Nous pensons parfois que l'amour peut servir de liant entre deux ressentis différents et combler ainsi les oppositions ou atténuer les extrêmes. Mais nous constatons avec un certain dépit qu'un ressenti s'impose avec force à celui qui l'éprouve. Pour en quelque sorte le contrer, nous sommes parfois tentés de proposer notre propre ressenti avec l'espoir que celui-ci va pouvoir se substituer à celui de l'autre : « Mais non, tu ne devrais pas être triste de la disparition de ta mère, elle était malade, elle souffrait beaucoup, je considère que c'est un soulagement, maintenant, de savoir qu'elle ne souffre plus… »

Une part souvent maltraitée de la relation a ainsi pour origine les perceptions différentes que nous pouvons éprouver d'une même situation. Apprendre à partager des ressentis différents et accepter que le ressenti de chacun lui appartient en propre permet de mieux mettre en commun.

« J'aime même si je ne me sens pas aimée... »

J'écrivais tout récemment à une amie pour lui demander sur quelle planète se vivaient ses amours, sachant qu'elle avait commencé quelques mois avant une relation amoureuse. Sa réponse m'a paru si belle, si pleine d'humanitude, que je ne peux m'empêcher de vous l'offrir.

« Votre questionnement demande une réponse un peu nuancée et il se trouve que j'ai envie de vous répondre, sans doute pour mettre plus de clarté en moi. En premier lieu j'apprécie beaucoup de vivre seule. La solitude habitée par tous mes songes et par tant de projets de vie et d'écriture me convient. D'autant qu'elle est entrecoupée de rencontres et de partages avec des amis proches et chers.

Dans la relation avec l'homme que j'aime, je me sens bien. Je me sens bien, jusqu'à un certain point sensible que je m'efforce de ne pas gratter, pour ne pas réveiller de vieilles blessures, pour ne pas me faire souffrir. Car je déteste souffrir, j'ai déjà donné beaucoup en ce domaine, mais je pense qu'aujourd'hui je ne suis plus douée pour cela. Donc, suivant certains de vos conseils, je cultive en moi ce qui est bon, j'entretiens le savoureux et le bienveillant et il y a beaucoup de bon que je n'avais pas connu auparavant et dont je me repais autant que je le peux. Je me protège aussi du contact avec des relations trop polluantes, j'ai une écologie de vie vigilante dans mes rencontres, comme pour la nourriture et d'autres besoins. Ce que j'apprécie tout particulièrement dans la relation que j'ai avec cet homme, c'est le respect mutuel total, la simplicité de nos accords et de nos échanges, l'intensité de nos rencontres, l'harmonie de nos partages. J'ai réalisé combien cet homme avait éveillé en moi de bonté, de créativité, combien sa présence ouvrait en moi des possibles inespérés jusqu'alors.

Je me nourris et m'agrandis à la chaleur de cet amour que je ressens si fort pour lui.

Ce qui serait susceptible de me faire souffrir, c'est que cet homme est veuf. Il venait d'épouser, un an avant, une femme très aimée. Et je trouve beau et magnifique qu'il ait pu vivre un amour aussi exceptionnel. En même temps, quand j'écoute au profond de moi, quand je descends un peu à l'intérieur de mes attentes, dans cet intérieur auquel je me sens reliée, je vois bien à travers ce qu'il dit de lui et de son immense chagrin que ce n'est pas moi qu'il aime, mais cette écoute, cet abandon, cette liberté étonnante que j'ai avec lui. Je le vois, je le sens, je l'éprouve à chaque rencontre et, quand je le lui dis, il ne répond rien, parce que évidemment il n'y a rien à répondre.

Voilà où en est mon bel amour, et je le vis quand même tel qu'il est, jusqu'au bout de sa course, jusqu'à ce qu'il n'y ait plus de flamme, d'énergie, d'élans ou de rêves pour le nourrir, ce qui n'est pas encore le cas.

J'écris cela sans trop y croire, parce qu'à l'instant même, j'aimerais que cet amour soit éternel.

Il n'y a pas de chemin balisé pour se faire aimer, sinon d'être présent, totalement présent, entier, dans le don absolu. Il n'y a pas de recette sinon celle de pouvoir continuer à s'aimer soi-même, de pouvoir faire cohabiter harmonieusement cet amour de l'autre avec un amour de soi qui reste vivant.

Je pense m'aimer suffisamment pour être un bon compagnon en ma propre compagnie, pour ne pas maltraiter mes qualités qui sont innombrables (je ris en écrivant cela).

Pour finir, je trouve que la vie est belle et je me souhaite de la voir toujours ainsi quoi qu'il arrive. En ce moment même, je ressens beaucoup de bonheur à pouvoir vous écrire tout cela, et je vous l'envoie tel quel, tout brillant, tout lumineux de cette chaleur qui m'habite… »

Ainsi il est donc possible de continuer à se respecter en aimant sans se sentir aimé, en étant dans le don d'amour quand il est reçu et amplifié par la présence, l'écoute, l'ouverture de l'autre. De poursuivre une relation dans laquelle l'un est dans l'ordre du ressenti et l'autre dans celui des sentiments. En sachant que celui qui aime sera seul à nourrir, à alimenter son amour, qu'il devra puiser dans ses propres ressources pour offrir le meilleur de lui-même à l'être aimé.

Être en amour donne une force inouïe à celui ou celle qui porte un tel amour gratuit. Gratuit dans le sens où il ne demande pas la réciprocité, où il accepte que les sentiments de l'autre soient encore dans les limbes, ou ailleurs…

À tous ceux qui se disent mes amis

À vous, amis, à tous ceux qui prétendent m'aimer ou m'apprécier.

Je remercie plusieurs fois par jour la vie de pouvoir vous compter parmi mes vrais amis, car sans vous ma vie serait plus insipide, pleine de platitude et de non-sens.

Je vous adore quand vous ne m'appelez pas trois fois au téléphone en quarante minutes : la première pour me demander si vous ne me dérangez pas ; la deuxième pour me confirmer que vous n'aviez pas l'intention de me déranger ; la troisième pour me confier que vous êtes vraiment désolé de m'avoir appelé à ce moment-là et donc peut-être dérangé… mais que ce n'était pas réellement votre intention ; et d'ailleurs que je ne dois pas m'étonner de recevoir un message de vous, pour que je puisse rappeler afin de vous rassurer et vous confirmer que vous ne m'avez pas dérangé….mais alors pas du tout !

Je vous aime quand vous ne tentez pas de m'imposer votre souhait ou votre attente ; quand vous acceptez que je ne vous rejoigne pas, que je ne puisse vous accueillir ; quand vous ne tentez pas de me culpabiliser parce que je n'ai pas répondu à vos cinq lettres de la semaine précédente, quand je me suis contenté de poursuivre mon travail ; de répondre aux quelque cent lettres que je reçois par jour (ouvrable – tout est relatif), d'écouter quelque cinquante appels par jour (dimanche compris !).

Je vous estime quand vous ne cherchez pas à vous immiscer dans mon intimité ; quand vous ne me posez pas de question sur ce que j'ai fait ou pas fait ; quand vous acceptez que je puisse vivre ma vie sans avoir de compte à rendre ; quand vous tolérez que j'existe en dehors de vous… alors là, j'ai vraiment envie de continuer à être votre ami…

Je vous chéris quand vous n'éprouvez pas le besoin de manifester votre attachement à moi, non par des attentions ou des prévenances, mais par des demandes, par des désirs, par des plaintes ; par des attentes qui me dépassent et qui me donnent souvent le sentiment que votre amitié met justement le doigt sur tout ce que je n'ai pas ; sur tout ce qu'il me manque, tout ce qui va vous décevoir….

Je vous porte dans mon cœur quand vous ne débarquez pas sans prévenir, avec femme et enfants, et quelquefois même avec des amis, à qui vous tenez de montrer, à tout prix, combien je suis… votre ami ; quand vous me faites l'amitié de me téléphoner quelques jours avant et pas seulement quand vous êtes à ma porte…

Ah, mes amis, je vous vénère quand je sens que vous ne transgressez pas la bonne distance entre nous : celle que les Indiens du Canada disent être la distance où l'on sait la direction de la maison ; celle où l'on ne voit pas la maison de son ami, ni le toit de sa maison, ni la cheminée, mais seulement la fumée au-dessus des collines.

Amis, si vous étiez semblables, ce que je ne peux imaginer, à ceux que je viens de décrire : alors là, sans hésiter, j'accepterais sans trop de regrets ni d'état d'âme que vous puissiez renoncer à votre amitié envers moi !

Ainsi la vie serait difficile… croyons-nous ?

J'entends dire, très souvent, que la vie est difficile, qu'elle est dure, impitoyable, qu'elle ne fait pas de cadeaux… Il y a ainsi tout un ensemble d'accusations outrancières, injustes, généralisantes formulées contre la vie, qui font faire l'économie, à ceux qui les produisent, d'une interrogation sur leur propre relation à la vie et leur degré de responsabilisation face à leur existence. Et ce faisant, ils font semblant de reprocher à la vie les maltraitances qu'ils lui infligent le plus souvent avec la plus parfaite mauvaise foi.

En confondant *la vie* et *l'existence*, ils oublient ainsi que la vie est un miracle permanent, elle se donne à chacun et surtout à ceux qui savent l'accueillir. Avec une immense générosité, elle se dépose au profond de chaque cellule, de chaque particule, de la plus infime parcelle de cette terre où nous vivons. Elle offre le meilleur d'elle-même depuis des millénaires sans se décourager… du moins jusqu'à aujourd'hui !

Face à la vie, il nous appartient d'accepter de nous responsabiliser et de démystifier quelques-uns des alibis que nous nous donnons, soit pour la maltraiter ou pour la violenter, soit pour la nier ou oublier de l'aimer et d'en prendre soin en nous. Les guerres dites « modernes » et tout leur arsenal technologique, le terrorisme de moins en moins aveugle, de plus en plus ciblé, de plus en plus efficace, les pollutions multiples, sournoises, déposées au cœur même du noyau de la vie, les manipulations génétiques de plus en plus performantes sont autant de coups mortels que nous infligeons à la vie avec une constance et une efficience de plus en plus terrifiantes.

Nous avons avec la vie, nous les humains, une relation d'incompétence rare, une relation faite d'exploitation, d'asservissement, de manipulation et de destruction qui va s'amplifiant, sans que nous trouvions de limite à nos propres errances et excès. Peut-être un jour la vie se révoltera-t-elle ? Peut-être, excédée de tant d'injustice et d'inconscience, nous chassera-t-elle de... la Vie ?

Nous adorons des dieux sourds et aveugles, nous rendons grâce au hasard ou à la chance, nous nous passionnons pour les illusions d'horoscopes en conserve, nous voulons croire à la magie d'un irrationnel de pacotille proposé en kit prêt à utiliser pour tromper l'angoisse et le désarroi, nous achetons sur le marché de l'intimité l'écoute, l'attention, la bienveillance de spécialistes en thérapies du mieux-être, nous fuyons plusieurs heures par jour dans des univers virtuels pour échapper au présent, et ainsi nous nous coupons de plus en plus d'un élan vital dont nous avons le plus grand besoin. Nous sommes passés en quelques décennies de la vie à la survivance.

Si nous pouvions nous rassembler autour de quelques

valeurs d'amour, de respect, de tolérance, d'harmonie, qui alimenteraient les forces nourricières pour permettre à la vie non seulement de survivre mais de s'agrandir, de se développer et de se répandre dans toutes les dimensions de notre existence…

Si nous pouvions nous réconcilier avec la petite parcelle de vie reçue en dépôt au moment de notre conception pour communiquer de vie à vie avec notre prochain (avant qu'il en devienne de plus en plus lointain), si nous acceptions de « relationner » de vie à vie avec chaque parcelle de notre univers proche…

Ainsi nous pourrions aider chacun à apprivoiser une nouvelle relation avec la vie qui est en lui, à garder espoir dans ses ressources immenses, à ne plus confondre vie et existence, en continuant de croire qu'elle est difficile, capricieuse ou injuste mais en l'honorant comme la manifestation d'un miracle permanent et généreux.

Aujourd'hui, j'ai osé dire…

Aujourd'hui, j'ai osé dire à mon copain que j'aurais voulu avoir des parents comme les siens. Il m'a répondu : « Si tu veux, je te les échange contre les tiens ! » Alors lui aussi trouve que ses parents ne sont pas de vrais parents !

Aujourd'hui, j'ai osé commencer mon cours en disant à mes élèves : « Je suis vraiment très heureux, je vais avoir un bébé ! » Peut-être que je n'aurais pas dû leur parler ainsi, car j'ai entendu Paul, au deuxième rang, répliquer : « Encore un malheureux de plus sur la Terre ! »

Aujourd'hui, comme souvent, j'ai menti à ma mère. Quand elle m'a demandé, sitôt que je suis rentré : « Comment ça s'est passé à l'école ? », je lui ai répondu comme chaque fois : « Super. Tout est OK, pas de problème. » Oui, il fallait bien que je la rassure, elle est si inquiète ! Comment aurais-je pu lui dire que ça ne va pas du tout, que je suis triste parce que Karine ne veut plus me parler, que je suis taxé de cinq euros toutes les semaines par un plus grand, que j'ai envie de mettre le feu à l'école, que je voudrais partir je ne sais où mais très loin ! Que je me sens trop petit, que j'étouffe dans mon corps…

Aujourd'hui, j'ai dit au revoir à mes élèves. J'avais les larmes aux yeux de les quitter comme ça. Ils m'ont fait souffrir toute l'année et pourtant je ne peux m'empêcher de les aimer et surtout d'avoir de la reconnaissance pour tout ce qu'ils m'ont appris !

Aujourd'hui, j'ai dit à toute ma classe que je m'étais fait racketter par quatre types super costauds qui faisaient deux mètres de haut et que c'est pour ça que j'avais pas pu riposter ! Sauf qu'en réalité c'était un pauvre type qui faisait une tête de moins que moi, mais qui avait l'air si menaçant que j'ai eu peur qu'il me fasse mal !

Aujourd'hui, je me suis dit, en fait je me suis demandé si j'avais eu raison de choisir ce métier d'enseignant, s'il me correspondait bien. Hier, en plein cours, Coralie m'a lancé devant toute la classe : « Vous savez rien de la vie, au fond vous n'avez jamais quitté l'école ! La vraie vie, ce n'est pas ce que vous nous apprenez, c'est tout ce qu'on sait, nous, et dont on ne peut même pas parler ! »

Aujourd'hui, j'ai dit à ma prof d'allemand, qui est aussi ma prof principale : « Ouais, on s'en fout des profs, y comprennent jamais rien ! » Elle m'a répondu : « Dis-moi la même chose en allemand. » Je n'ai pas su, avec elle j'ai toujours le sentiment qu'il faut vraiment savoir ce qu'on dit !

Aujourd'hui, j'ai dit quelque chose qui les a touchés, je les ai sentis très présents quand j'ai parlé des peurs que j'avais, dans mon imaginaire de petite fille, que mes parents ne soient pas mes vrais parents. Je croyais que j'avais été une enfant trouvée, déposée à la porte d'une église. En Europe, près de la porte principale de certaines églises, il y avait autrefois une sorte de guichet, comme une boîte qui s'ouvrait, où les « filles mères », comme on les appelait à l'époque, pouvaient déposer l'enfant qu'elles venaient de mettre au monde et qu'elles pensaient ne pas pouvoir élever seules.

Aujourd'hui, j'ai décidé de ne plus tricher, parce que Marie-Josée m'a dit qu'elle m'aimait et qu'elle n'aimait pas les mensonges.

Aujourd'hui, j'ai dit à ma blonde (qui est brune) : « C'est quoi l'amour ? » Elle m'a répondu : « L'amour, c'est quand tu me voles un morceau de chocolat chaque jour dans mon sac et que moi, tous les jours, j'en remets un exprès pour toi. »

Aujourd'hui, j'ai dit à mon PC, d'un ton très naturel : « Bouge pas, je reviens. » Lui au moins est fidèle, il ne profite pas de mes absences pour me tromper. Il reste en veilleuse et d'une simple caresse je le réveille, il est toujours prêt et disponible, ce n'est pas comme mon copain !

Aujourd'hui, j'ai dit à ma mère : « Tu sais, je dois partir vivre ma vie au plein air, aimer la vie à en mourir » et elle m'a répondu : « Ô mes aïeux, depuis le temps que j'en rêvais… »

Aujourd'hui, j'ai dit à ma petite amie que sa sœur jumelle n'était pas mon style. Certainement la chose la plus stupide que j'aie dite de ma vie, quand j'ai vu sa réaction !

Aujourd'hui, j'ai dit au soleil : « Bonjour, soleil ! Lève-toi et brille, pourquoi tu ne le fais pas ce matin ? T'es vraiment pas gentil ! » Je crois que parfois le soleil est sourd.

Aujourd'hui, j'ai dit à mes enfants : « Stop. Je n'ai plus d'argent à vous donner et je vais porter plainte contre vous pour escroquerie affective ! » Ils n'ont pas ri du tout.

Ça peut paraître surprenant, mais aujourd'hui j'ai dit non. J'ai osé dire non ! Je n'en crois pas mes oreilles ! Plus de soixante années d'attente, avant d'énoncer ces trois petites lettres à haute et intelligible voix. Quelle performance ! J'ai dit non à cette dame qui voulait passer en caisse avant moi sous prétexte qu'elle n'avait qu'une baguette de pain. Je suis sortie du magasin en murmurant : « J'ai dit non, j'ai dit non… » J'ai rangé les courses dans le coffre de la voiture, le sourire aux lèvres, en fredonnant : « J'ai dit non, j'ai dit non… » J'ai quitté le parking en exultant et riant, hurlant presque au volant de ma petite auto : « J'ai dit non, j'ai dit non… » J'ai grimpé l'escalier d'un pas léger en sifflotant : « J'ai dit non, j'ai dit non… » À peine rentrée à la maison, j'ai raconté mon exploit à mon mari : « Tu te rends compte, j'ai dit non, j'ai dit non… » Il a eu un drôle de regard et m'a dit : « Ne t'avise pas de me dire non pour ce que tu sais, sinon ça ira mal entre nous ! » J'ai dit : « Oui. »

Aujourd'hui, j'ai dit : « STOP ! ÇA SUFFIT ! J'en ai assez de faire plaisir à tous. Je redeviens moi-même : intraitable, grande gueule, nerveuse, cassante, lunatique. »

Aujourd'hui, j'ai dit : « Je me lance dans la grande cuisine et je tente le tofu joyeux ! » Mon nouvel ami m'a dit : « Tu ne préfères pas que je t'invite au McDo bio ? »

Aujourd'hui, j'ai dit aux petites du cours de violon : « On va imiter le cri des hirondelles. » J'ai frotté mon archet sur les cordes de mon violon. Elles ont froncé les sourcils, se sont bouché les oreilles. « Allez, essayez vous aussi ! » ai-je dit. Elles ont effleuré d'une caresse timide les cordes et c'était comme un chant d'oiseau.

Bonnes résolutions et difficiles réalisations !

À la fin des vacances, au début d'une nouvelle année ou après un anniversaire, nous prenons mentalement de nombreuses décisions. Ce sont souvent des résolutions qui touchent à notre quotidien ou à celui de nos proches, des résolutions qui visent à introduire un changement, une amélioration dans notre existence.

Ces résolutions peuvent se prendre soit vis-à-vis de soi-même (décisions nous concernant directement), soit vis-à-vis des autres (proches ou moins proches) et cela dans deux directions :

- Ce qu'il y aurait à faire pour être mieux, pour être soulagé, pour avoir de meilleures relations.
- Ce qu'il y aurait à ne plus faire pour éviter de polluer son existence, de continuer à supporter des situations pénibles.

Ainsi nous pouvons anticiper de multiples modifications dans notre vie. Changer tel ou tel meuble de place, organiser autrement le rangement du linge ou de l'atelier, nous positionner plus clairement vis-à-vis de l'un ou l'autre de nos enfants, nous coiffer autrement, modifier notre alimentation, prendre un abonnement au théâtre ou à la bibliothèque et bien d'autres résolutions que nous pensons bénéfiques pour nous.

Certaines de ces décisions que nous prenons (toujours à l'intérieur de notre tête !) vont concerner notre vie intime (vie personnelle ou de couple) ou notre travail. Nous pouvons avoir la tentation de reprendre des études, de faire de la peinture, d'apprendre le piano ou de nous engager envers les plus démunis. Ensuite la mise en pratique de tous ces projets relève d'autres enjeux ! Beaucoup de ces projets vont naître durant les grandes vacances. Car les vacances, contrairement à ce que beaucoup pensent, sont des périodes où nous vivons un certain nombre de tensions, où les frustrations vécues durant l'année qui vient de s'écouler remontent à la surface, où des désirs de changement se réveillent et semblent se bonifier sous le ciel bleu. Les vacances nous offrent un temps où nous prenons le temps de rêver, d'anticiper, d'imaginer tout ce que nous pourrions faire ou changer dans notre vie. Et dans notre imaginaire commencent à germer, puis à se prendre des décisions (de préférence définitives !), des résolutions (que nous souhaiterions irréversibles !).

Les bonnes résolutions servent à alimenter une espérance toujours présente en chacun qu'un mieux-être est possible, elles nourrissent notre imaginaire et notre besoin de créativité. Et même quand elles ne sont pas tenues, elles auront déclenché en nous une dynamique énergétique qui fait du bien, elles sont l'équivalent d'une bouffée d'oxygène. Elles nous sortent de la passivité, de la lassitude ou de la démission pour nous entraîner dans un mouvement d'ouverture, de plus grande liberté.

Mais nous allons avoir aussi des difficultés à tenir ces résolutions. Parce que entre notre imaginaire et la réalité il y a souvent un gouffre, une faille immense qu'il n'est pas toujours possible de franchir, car si nous vivons en couple ou en famille, nos résolutions vont impliquer nécessairement l'autre, les autres! Et l'autre ou les autres vont peut-être adhérer à nos aspirations, les soutenir, mais le plus souvent y résister ou les freiner, voire les saboter. Les résolutions que nous tentons de prendre supposent souvent un soutien de l'environnement proche, des encouragements, des errances aussi qu'il nous faudra traverser sans se décourager. Car les décisions les plus difficiles à tenir sont celles que nous prenons pour des changements qui nous concernent.

Pour réussir à les réaliser, il existe quelques chemins, quelques pistes que nous pouvons suivre. Peut-être accepter que parmi toutes ces résolutions, il faudra faire des choix, retenir et s'accrocher à celles qui nous paraissent les plus vitales, les plus essentielles. En se rappelant que choisir, c'est renoncer. Et même si nous ne gardons qu'une résolution, s'y tenir. Une aide très efficace consiste à symboliser par un objet (un petit caillou, un coquillage, une médaille), que nous pouvons porter sur nous, de façon visible pour notre entourage, non pas la décision prise, mais l'objectif que l'on s'est fixé. Si j'ai décidé d'arrêter de fumer, cet objet servira à avertir l'autre que s'il me propose une cigarette, c'est comme s'il m'incitait à transgresser ma propre décision.

Une résolution tenue, c'est aussi une façon de se respecter, de s'affirmer, de consolider l'estime de soi et de témoigner devant les autres de notre cohérence ou de notre courage.

Ce qui nous fatigue… vraiment!

Contrairement à beaucoup d'idées reçues, ce n'est pas la quantité de travail qui nous fatigue le plus, mais la non-cohérence entre la finalité de l'activité pratiquée et notre véritable centre d'intérêt. Ce qui nous épuise, c'est la distorsion entre nos compétences et le résultat obtenu, c'est la dysharmonie possible entre notre ressenti et les réactions de l'autre.

Une activité non choisie, imposée, peu gratifiante ou frustrante dans ses effets est énergétivore en ce qu'elle nous entraîne à consommer plus d'énergie qu'elle ne nous en restitue. C'est pourquoi elle est fatigante, très fatigante!

Il y a le besoin de valoriser un résultat, de le sentir validé à la fois par nous-mêmes et par notre entourage. Notre énergie se disperse et s'épuise quand nous ne nous sentons pas entendus dans nos attentes. Je vous invite ici à ne pas confondre attente et demande – la demande n'est souvent que le masque que prend l'attente qui se trouve derrière!

Il y a aussi notre état émotionnel, lié à un vécu intime

(vie conjugale, personnelle ou familiale) ou à la réactivation imprévisible de situations anciennes, de blessures non exprimées, de sentiments meurtris dans une confrontation un peu vive avec un proche ou quelqu'un d'extérieur. Le peu de gratification ou de reconnaissance par l'autre de ce que nous avons fait ou la mise en évidence de tout ce qui n'a pas été fait nous épuise plus que le travail effectué.

Il y a aussi les frustrations liées à l'irruption de l'imprévisible qui bouleversent nos prévisions, qui bousculent notre action, qui nous obligent à des réajustements, voire à des remises en cause.

Ce qui fatigue beaucoup, ce sont les reproches, les accusations directes ou implicites que nous ressentons par rapport à notre action de manière récurrente : « Tu as fait ceci alors que tu aurais dû faire cela », « Tu as dit cela alors que tu aurais dû dire ceci ».

Il y a aussi toutes les auto-accusations que nous mentalisons à l'égard de nous-mêmes : « Je n'ai pas fait cela, alors que j'aurais dû le faire », « Je n'ai pas dit cela, alors que j'aurais dû en parler ».

Tout cela nous blesse, nous fatigue et nous demande d'investir beaucoup d'énergie par la suite, pour se justifier ou tenter de garder une image positive de soi.

Il y a encore tout le reliquat pernicieux des communications indirectes, des non-dits quand circulent silencieusement, tel un poison entre deux proches, des commentaires, des jugements de valeur, des étiquettes posées sur des comportements présents ou plus anciens.

Tout cela nous permettra de mieux comprendre qu'il

ne faut pas confondre, quand nous sommes devant quelqu'un, la personne physique et la personne énergétique. Ainsi, à tel moment de la journée, il peut y avoir une personne physique, au mieux de sa forme (si elle a évacué les pollutions de la veille), et quelques heures après, il n'y a plus qu'un tiers ou une demi-personne énergétique présente. Car entre-temps il y a eu l'équivalent d'une hémorragie énergétique, liée à des incidents bénins, à des frustrations, à la répression imaginaire qui surgit et sévit dans la tête de certains : « Je suis sûr qu'il ou elle a pensé de moi que je n'ai pas été à la hauteur, que je vieillis, que j'aurais pu faire mieux. » Il est important de prendre conscience de ce phénomène et ne pas assimiler la personne physique (présente) et la personne énergétique qui doit cependant faire face à toutes les exigences ou attentes présentes dans une relation.

Petite remarque : si les syndicats et les associations professionnelles peuvent concourir à améliorer les conditions extérieures du travail, les conditions intérieures, elles, ne peuvent être améliorées que par un travail de conscientisation et d'apprentissage personnel sur la meilleure façon de gérer sa relation au travail et sa relation à soi-même et à ses collègues, à ses supérieurs et aux personnes qui nous sont proches.

Combattre pour la dignité : un combat au présent !

Parmi nos multiples pour ne pas dire infinis besoins, le besoin de dignité n'est pas des moindres, même s'il n'est pas toujours reconnu. Je définirais ce besoin par la nécessité que nous avons de pouvoir rester debout, d'affronter nos doutes, de réparer nos erreurs, de témoigner de nos valeurs, d'avoir l'humilité d'accepter (ce qui ne veut pas dire collaborer ou entretenir) les imperfections de la vie, dans le respect de soi et de son environnement.

Nous pouvons répondre à notre besoin de dignité, besoin souvent secret mais intense, grâce à au moins deux démarches : l'une, personnelle, qui passe par une attitude intérieure que nous adoptons pour rester droits, centrés, corrects, face aux difficultés de la vie ; l'autre qui passe par un ensemble d'attitudes et de comportements destinés à faire face aux interpellations ou aux réponses de notre entourage qui viennent vers nous et que nous souhaitons empreintes d'un minimum de respect.

Combattre pour la dignité, avant d'aller vers ceux qui, dans le monde, sont bafoués ou humiliés, cela débute par une démarche personnelle : commencer par se respecter, en osant simplement dire non, en ayant le courage de témoigner de ses propres valeurs, de se positionner face à des valeurs différentes. Dire non quand ce qui vient vers nous, quelles que soient les intentions de l'autre, n'est pas bon pour nous, n'est pas recevable ou est inacceptable.

Combattre pour la dignité, cela veut dire ne pas rester prisonniers du sentiment d'impuissance, de résignation, d'acceptation passive devant ce qui nous entoure ou nous arrive, surtout quand cela paraît inévitable ou allant de soi.

Cela veut dire aussi ne pas hésiter à s'éveiller et donc à s'indigner. Retrouver une liberté de penser. Cela, Stéphane Hessel l'a écrit* de façon magnifique en nous invitant à oser dire notre indignation, à manifester non seulement notre désaccord mais surtout nos souhaits, notre espérance face aux dégradations du présent, face aux violences que nous infligeons au futur, c'est-à-dire aux générations qui vont suivre.

Il y a aujourd'hui, il faut le dire, une perte annoncée d'avenir, une sorte d'effondrement du futur programmé par la surdité, l'aveuglement de ceux que nous laissons nous gouverner. Combattre pour la dignité, cela veut dire encore accepter de modifier nos comportements, ne pas entretenir ou s'abriter derrière nos illusions. Les écrits et les actions d'Edgar Morin peuvent beaucoup nous aider dans ce domaine. Faire confiance à l'improbable, laisser germer l'impossible, laisser imploser nos possibles.

---

* *Indignez-vous !*, Indigène éditions, 2010.

Et je crois aussi que cela suppose de revoir la place faite aux femmes, de réinventer les relations hommes-femmes dans ce monde encore dominé par le masculin. Cela veut dire opérer une métamorphose importante pour les unes et pour les autres, lâcher prise sur des conduites d'appropriation, de possessivité, renoncer à du pouvoir pour laisser surgir plus de partages, d'échanges et de créativité en commun. Dans ce domaine, des femmes comme Françoise Dolto, Alice Miller, Marie-France Hirigoyen, Paule Salomon, Christiane Singer et des hommes tels Thomas d'Ansembourg, Guy Corneau ont beaucoup œuvré.

Ainsi nous pouvons découvrir que nous ne sommes pas seuls, que nous faisons partie d'un courant, d'un mouvement, d'une fraternité bien plus grande que nous ne pouvons l'imaginer, et nous pouvons comprendre que combattre pour la dignité, dans notre ville, dans notre quartier, dans notre entreprise veut dire ici témoigner et vivre en accord dans le respect de soi et de l'autre.

Cultiver le silence

Nous avons tous des plaisirs intimes, solitaires ou partagés – je vous en prie, ne pensez pas tout de suite à ces plaisirs personnels intenses auxquels je ne songe même pas ! Je veux parler de ces plaisirs qui naissent autour de la recherche d'un mieux-être ou de la pratique d'activités ludiques, esthétiques, de créativité tous azimuts ou simplement relationnelles dans lesquelles nous recherchons le bon, le beau, le surprenant ou l'inouï. Ainsi, écouter de la musique, chanter, lire à haute voix des poèmes, peindre, cultiver des roses ou entretenir des plants de tomates ou encore rêver sur sa terrasse, pêcher ou se baigner sans autre vêtement que celui donné par la nature.

Mais il est un plaisir personnel accessible à chacun, que nous pouvons savourer et même mettre en commun, celui de cultiver, d'entretenir, de protéger autour de nous le silence. Le silence, cette qualité de l'existence si rare, si fragile, si nécessaire à notre bien-être, à notre équilibre, à notre confort.

Certains d'entre nous ont cette chance extraordinaire de vivre dans un environnement protégé de la plupart des nuisances sonores qui existent ailleurs (dans les grandes villes par exemple !) et plus encore sur d'autres parties d'un monde de fureur et de détresse tel qu'il nous apparaît parfois aux informations. Aussi pourrions-nous nous engager à prendre soin du silence. Cela ne peut être qu'un engagement très personnel qui repose sur peu de chose, qui suppose peu de moyens, sinon un tout petit peu de cohérence et surtout une intentionnalité concrète, c'est-à-dire la capacité d'aller au-delà d'une envie ou d'un désir vers sa mise en pratique.

Ainsi, par exemple, pouvoir parler sans se sentir obligé d'élever la voix, mettre en sourdine les décibels de sa chaîne haute fidélité, veiller à ne pas hurler dans son mobile pour parler à quelqu'un qui, même s'il est aux antipodes, peut nous entendre sans qu'on force la voix ! Il n'est pas toujours nécessaire de crier après son chien (ou contre sa femme, ou son mari !) pour se faire entendre, ni après un voisin bruyant pour lui rappeler notre besoin de dormir.

Cultiver le silence aussi et surtout à l'intérieur de soi (dès le matin), apaiser nos ressentiments (trop polluants), calmer notre impatience (si fréquente), dénouer nos irritations (envahissantes), sourire de nos indignations (toujours justifiées !).

Cultiver le silence, c'est aussi apprendre à se respecter en respectant ce coin de paradis, même si nous croyons, comme certains, que le vrai est au ciel et qu'il nous attend.

Cultiver le silence dès aujourd'hui, sans attendre celui des autres. Commencer là à l'instant.

Planter son petit écriteau intérieur : « Ici, il est possible d'être silencieux sans se forcer ! »

À propos de la culture du moi

La progression étonnante et quelquefois détonante d'un magazine comme *Psychologies*, la parution dans la plupart des grands médias d'une page « relations humaines » révèlent chez de plus en plus de femmes et d'hommes des aspirations à la fois vitales et contradictoires. Vitales certainement, cette nouvelle conscientisation pour une exigence et une vigilance plus grandes envers nos besoins relationnels et cette soif de beaucoup à s'engager dans un travail sur soi pour accéder à la réalisation de ses possibles, pour rencontrer le meilleur de soi. Contradictoires aussi, car ce mouvement vers une culture du moi, pour aussi gratifiant et intense qu'il soit, ne peut pas s'arrêter à l'individu, il se doit, pour ceux qui acceptent de se projeter vers un avenir plus lumineux, de déboucher sur la recherche d'une double réconciliation.

L'une, délicate et toujours fragile, avec cette planète qui nous a accueillis il y a quelques millions d'années et avec laquelle il est urgent de rétablir une relation de respect, d'amour et de gratitude en inventant d'autres modes de consommation, de nouvelles énergies, de nouvelles relations avec les autres. Des relations moins chargées d'agressivité et de possessivité.

L'autre, plus difficile encore, car elle touche à l'essence même du spirituel, consistant à favoriser la rencontre avec le divin qui se cherche en chacun et qui s'affronte et se perd dans tant de conflits, d'injustices, de violences et de guerres ou plus pathétiquement encore dans une survie au quotidien, liée à l'hyperconsommation et à la fuite vers le virtuel.

L'enjeu est risqué : l'homme a été de tout temps un prédateur, dont les forces destructrices s'appuient aujourd'hui sur des institutions ou sur des technologies avancées alors que les forces d'amour qu'il peut développer sont personnelles et intimes ; mais en se reliant entre elles, ces forces peuvent – du moins c'est mon espoir – contrebalancer la violence et la désespérance.

Une des attentes fortes des femmes et des hommes d'aujourd'hui me semble être une recherche d'harmonie avec l'ensemble de toutes ces forces qui nous habitent et nous dynamisent autant qu'elles peuvent nous détruire. Cela passe la plupart du temps par un travail sur soi, qui ne restera pas seulement égocentrique ou narcissique, comme certains peuvent le penser, mais qui va déboucher sur de meilleures relations à l'autre et à son environnement, même si cela ouvre à de nouvelles exigences et rigueurs conduisant à élaguer, clarifier, assainir beaucoup de ses relations anciennes. La culture du moi qui se développe aujourd'hui laisse augurer un changement profond dans les relations hommes-femmes, à moins que le politiquement correct, toujours à l'affût d'une répression et d'une régression possibles, ne freine le mouvement.

De la nécessité vitale d'apprendre à se définir dans une relation proche ou plus élargie

Quel que soit notre âge, nous avons à nous positionner, à nous affirmer, bref, à nous définir, à dire clairement où nous en sommes face à tel ou tel problème, situation ou choix à faire. Car si nous ne savons pas nous définir face à nos proches ou dans les relations significatives de notre vie, nous prenons le risque d'être définis par les autres… et donc de ne pas nous reconnaître dans leur perception de ce que nous sommes, de ne pas nous sentir compris ou respectés.

Se définir suppose différentes démarches.

Apprendre à se positionner, à se situer, face aux attentes et aux demandes de l'autre

Cela veut dire qu'il nous faudra prendre le risque de nous affirmer devant lui et peut-être de lui faire de la peine ou de le décevoir si notre réponse ne correspond pas à ses souhaits. Ce qui peut nous aider, c'est de dire : « Si tu prends le risque de me faire une demande, cela veut dire que tu prends le risque de ma réponse, sinon ce n'est pas une demande, c'est une exigence déguisée ! » Il s'agit donc de ne pas laisser croire que je suis toujours là où l'autre me voit, que je ne suis pas toujours comme il me veut, que je ne pense pas ou ne perçois pas forcément les mêmes choses que lui. C'est là toute l'aventure de la différenciation, dans laquelle sans entrer dans un cycle d'oppositions ou de conflits nous pouvons tenter de nous affirmer face à l'autre, aux idées, aux croyances et aux ressentis de quelqu'un, même s'il nous est proche. Cela n'est jamais acquis une fois pour toutes, c'est à recommencer sans cesse dans les méandres d'une relation. Et je prétends que cela dynamise davantage une relation que de faire semblant d'être toujours en accord avec son partenaire !

Oser sortir de la définition dans laquelle l'autre tente parfois de nous enfermer ou de nous définir

Je veux parler des jugements qui sont parfois portés sur nous, des étiquettes, des renvois au passé, des images figées avec lesquelles nous sommes perçus… par ceux qui croient nous connaître et qui tentent de nous y enfermer : « Oh, mon mari, en dehors de sa télé, on ne peut rien lui demander », « Vous savez, ma femme, sortie de sa cuisine, rien ne l'intéresse ». Il nous appartient de sortir des injonctions, des clichés, des missions ou plus simplement des attentes par lesquels notre famille, nos proches, ceux avec qui nous vivons veulent le plus souvent nous définir. Et cela le plus souvent en fonction de leurs propres attentes, désirs ou projections sur nous, qu'en relation directe avec ce que nous sommes comme personnes.

Prendre le risque de ne pas recevoir l'approbation de l'entourage

La recherche d'une affirmation personnelle et le besoin d'approbation sont le plus souvent incompatibles. C'est un des conflits intrapersonnels les plus douloureux à résoudre. Nous avons souvent besoin de l'approbation de ceux que nous aimons, de ceux avec qui nous vivons. Avec le sentiment (parfois erroné) que si nous pensons ou faisons la même chose qu'eux, cela veut dire qu'on s'entend bien ! La recherche d'autonomie, qui passe par l'affirmation, n'est pas conciliable avec la dépendance liée au besoin d'être approuvé par ceux qui nous sont chers. Prendre le risque de s'affirmer suppose que l'on puisse renoncer, du moins provisoirement, à l'approbation de notre entourage le plus proche (celui dont justement nous espérons la compréhension !).

Oser se positionner dans nos aspirations, nos désirs ou nos projets

Cela veut dire oser s'exprimer, se dire (avec des mots qui sont les nôtres) en faisant des demandes directes, en exprimant des désirs différents de ceux de l'autre, en affirmant ses propres positions sur telle ou telle situation. Ce qui veut dire aussi accepter un positionnement différent de la part de l'autre.

Payer le prix

Mais attention, dans toute tentative de positionnement nouveau ou d'amorce d'un changement, il y a toujours un prix à payer. L'entourage proche ne comprend pas toujours, il paraît destabilisé. Il peut réagir par des tentatives de culpabilisation, de jugements de valeur sur notre personne, sur nos actes ou sur nos conduites. Il peut même menacer que notre prise de position nous conduira à l'échec, au rejet ou à souffrir. L'autre peut tenter de renforcer son emprise sur nous, redoubler d'efforts pour nous définir, nous dicter ce que nous devons faire, pas faire, dire ou pas dire, avec parfois une stratégie d'opposition, de rejet, d'isolement et de marginalisation.

Car grandir à l'intérieur de soi suppose d'affronter et traverser quelques épreuves et d'avoir la confirmation que la pire des solitudes n'est pas d'être tout seul, c'est la solitude à deux, cette solitude qui donne la sensation d'être enfermé dans un système relationnel où l'on a du mal à se reconnaître.

Être beau de l'intérieur

Si la beauté extérieure nous a été parfois donnée par nos parents (nous dit-on !), si elle a été l'œuvre du cheminement labyrinthique de multiples facteurs, génétiques, biologiques, physiologiques, qui se perdent dans les mystères de la procréation, la beauté intérieure, elle, a des origines très différentes.

Elle peut être l'aboutissement de ce qu'il serait possible d'appeler un « travail sur soi ». Et ainsi être le résultat d'un éveil, l'équivalent d'une mise au monde, d'une renaissance. Quand nous avons accès à des ressources imprévisibles, à des prises de conscience, à une remise en cause d'habitudes, de comportements ou de conduites qui jusqu'alors nous enfermaient dans un personnage, dans une uniformisation ou dans un système relationnel où dominait la gestion d'un quotidien dévitalisé, c'est tout un éventail d'énergies, de vibrations, de pulsations de vie qui se répand dans notre corps et nous transfigure. Oui, je le crois profondément : la beauté intérieure, que nous percevons chez certains hommes ou femmes, peut être le reflet de cheminements intimes, de rencontres, de découvertes qui d'une part débouchent sur une ouverture, une écoute plus grande du sensible, de l'indicible de la beauté qui nous entoure, et d'autre part nous permettent de nous sentir plus réunifiés, plus accordés, plus en paix avec le corps qui est le nôtre.

Mais une des origines les plus fréquentes de la beauté intérieure, il faut le dire, c'est l'amour. Quand un sentiment unique, d'ordre vibratoire, nous habite, nous pousse, nous transporte vers un être qui devient le réceptacle de toutes nos pensées, de tous nos désirs, de nos projets. Et surtout quand notre amour rencontre en face, tout proche, un autre amour en réciprocité (ce qui est plus rare qu'on ne le pense). Lorsque nos sentiments sont accueillis, reçus, amplifiés par celui ou celle qui en est le destinataire, tout l'entourage le constate : « Tu as rajeuni, tu es devenu(e) plus lumineux(se), tu rayonnes, je ne t'ai jamais vu(e) aussi beau (belle)… » Les commentaires ne tarissent pas et c'est là que nous pouvons comprendre que les sentiments positifs, le bien-être, la confiance et l'amour qui est en nous, nourrissent une beauté intérieure qui va retentir, se projeter, se montrer à l'extérieur, irriguant tout notre être.

Beauté intérieure et beauté extérieure peuvent alors se combiner, s'harmoniser, s'amplifier et former un tout. La complétude interne, le dynamisme affectif, la qualité de nos relations vont être l'équivalent d'un humus tonique, vivifiant pour embellir non seulement nos pensées et notre corps, mais toute notre façon d'être au monde.

Éveiller sa conscience ou être éveillé par elle ?

Sur le long parcours de mon existence, je n'ai jamais pu répondre de façon satisfaisante à cette question. Alors j'ai décidé de l'intégrer, comme une double alternative possible, dans la caverne déjà bien remplie de mes découvertes, de l'enregistrer dans les carnets soigneusement tenus à jour de ma sensibilité, de l'inclure dans l'immensité (oui, oui, comme chacun de vous, cher lecteur) de mes ressources.

Éveiller sa conscience ne peut pas être un acte volontariste, une décision que nous pouvons prendre un matin, en serrant les mâchoires, en tapant du poing sur la table du petit déjeuner, tout en s'appuyant sur la bonne volonté farouche qui est présente en nous ce jour-là.

C'est durant mon hospitalisation en sanatorium, entre neuf et quatorze ans, que ma conscience s'est éveillée à partir des stimulations de mon imaginaire. Je suis resté allongé dans un plâtre des chevilles au cou durant cinq ans et je ne connais pas de meilleur moyen pour titiller, dynamiser et faire imploser l'imaginaire qui parcourt au grand galop les territoires fabuleux de quelque chose qui est plus que la pensée : une arborescence d'images, une constellation de mots, un torrent de situations et de rêves éveillés desquels vont émerger parfois une lucidité incisive, une compréhension aiguë spontanée, une conscience plus ouverte. Par la suite éveiller ma conscience a été lié à ma capacité à modéliser ma pensée en trois dimensions : monter (s'élever), descendre (approfondir) et s'ouvrir (s'expanser, c'est-à-dire se dilater). Tout cela pour aller voir au-delà des apparences, pour dépasser des certitudes et des croyances acquises depuis longtemps.

L'éveil de notre conscience implique, je crois, d'être capables de donner du sens aux événements de notre vie, de sentir au-delà des conséquences la profondeur et la consistance de nos actes ou de nos conduites qui jusqu'alors paraissaient évidents. Avec parfois un effet qui peut se révéler douloureux : devoir remettre en cause des engagements qui ne posaient aucun problème, qui étaient sans questionnement et qui vont se révéler chargés d'un sens nouveau, salvateur, dynamisant.

Trois démarches ont été centrales pour moi dans la façon dont j'ai pu être éveillé par ma conscience.

D'abord ce fut, durant l'été de mes vingt ans, la sensation que je devais changer de métier, démissionner de mon poste d'expert-comptable stagiaire pour m'engager dans l'éducation spécialisée et par la suite dans des études de psychologie, en fait dans la découverte d'un univers immense qui m'a englouti à jamais : les relations humaines. Prise de conscience équivalant à un déclencheur, qui me disait impérativement que je n'étais pas à ma place, qui m'incitait à changer, pour m'engager dans un choix de vie qui allait bouleverser toute mon existence.

Une démarche propice à rendre ma conscience plus consciente, c'est-à-dire à faire que je sois moins dominé (peut-être) par l'inconscient, fut la tranche d'analyse freudienne que j'ai entreprise à vingt-neuf ans. Je m'en souviens comme d'une période d'éveil, de sensibilité lumineuse où les événements de ma vie présente donnaient du sens à certains événements de ma vie passée ou l'inverse. Avec l'impression d'une grande clarté en moi, qui délogeait les ombres de mon enfance.

Et puis ce fut au cours d'un séjour en Inde, dans un ashram à Poona, la découverte du *rebirth* (renaissance) et la conscience aiguë du bébé, si douloureusement présent en moi à trente-cinq ans, que j'avais été, violemment tiraillé entre le désir de rester dans le ventre et une aspiration violente à sortir. Un déchirement que j'ai retrouvé, tout aussi violent, à plusieurs reprises dans ma vie d'adulte.

Aujourd'hui, je crois surtout que l'éveil de notre conscience tient à des signes, des rencontres, je devrais dire des synchronicités qui vont relier subtilement des faits ou des événements, et nous permettre de changer de regard, d'accéder à une compréhension nouvelle, de donner un sens à une situation vécue, à un comportement récurrent, à un engagement pris ou à une décision à prendre.

Je crois qu'être éveillé par sa conscience relève de la révélation et que toute prise de conscience est l'équivalent d'une création. Ainsi naviguons-nous entre révélation et création, portés par le voilier magique de notre conscience sur un océan infini qui englobe le ciel et la terre, et cela tout au long de notre existence.

Il est difficile de tout changer !

Il peut nous arriver parfois d'avoir la tentation de tout bousculer dans notre vie, d'être totalement différents du jour au lendemain, de ne plus ressembler à ce que nous sommes, de changer radicalement notre rapport au monde. Nous rêvons d'un événement, d'un concours de circonstances qui d'un coup de baguette magique modifierait ce que nous sommes et notre entourage. Mais nous savons aussi, que ce soit dans notre vie ou autour de nous, qu'il est difficile sinon impossible de tout bouleverser. C'est sur le « tout » que portera ma réflexion.

Pour ceux qui en auraient l'intention, le désir ou le rêve, il est difficile de réussir à tout changer et même décourageant, épuisant d'essayer de le faire. Mais cela ne doit pas nous empêcher de faire quelques tentatives de changement, en particulier dans certains espaces de notre vie qui nous paraissent ouverts à la possibilité de faire du ménage, d'élaguer, de faire de la place. Car il est toujours difficile de remplir une bouteille déjà pleine ! Et tout changement est accompagné de renoncements, suppose des lâcher-prise pour donner un espace à du nouveau, à de l'inédit, à de l'inattendu. Nous devons essayer de commencer quelques changements et d'amorcer quelques pas dans des directions inexplorées :

• Des changements qui concernent nos croyances et nos certitudes, en les remettant en cause ou en acceptant de les confronter à d'autres.

• Des changements qui viseront à modifier des conduites ou des comportements qui sont porteurs de malentendus, d'insatisfactions, de souffrances répétitives; qui nous incitent à nous interroger sur notre façon de communiquer ou d'incommuniquer, en osant remettre en cause des façons d'être et peut-être nous pousser à prendre le risque d'entreprendre un travail personnel ou une formation pour modifier quelques-unes de ces relations humaines qui tissent notre quotidien.

• Des changements liés à nos habitudes alimentaires, à la relation que nous avons avec notre corps, à notre vie intime, amoureuse et sexuelle, pour mieux comprendre ce que nous mettons en jeu dans la rencontre et le partage.

• Des changements qui peuvent modifier nos engagements passés, qui peuvent remettre en cause des choix de vie quand nous découvrons qu'ils ne s'accordent plus à ce que nous sommes devenus, à la femme ou l'homme que nous sommes aujourd'hui.

• Des changements qui vont nous projeter hors de nos limites habituelles, qui vont repousser les frontières de nos hésitations ou de nos peurs.

• Des changements qui nous invitent à oser la réalisation de désirs qui nous paraissaient jusqu'alors inaccessibles.

« J'ai mal à mes mots... »

« J'ai trop souvent mal à mes mots, je ne m'entends pas bien avec eux, on dirait qu'ils sont contre moi..., m'écrit cet adolescent. Je ne comprends pas ce qui se passe en moi. Quand je suis devant quelqu'un que je ne connais pas, mes mots se dérobent, foutent le camp, ils ne veulent jamais dire exactement ce que je pense ou ce que je sens. Quand ils veulent bien sortir, ils arrivent en pagaille, dans le désordre, et me mettent mal à l'aise. Je sens aussi que chez l'autre, ça ne passe pas, ce n'est pas bien reçu, ça cafouille aussi.

Parfois aussi, mes mots sortent de ma bouche avant même que je ne le veuille et d'autres fois, ils se cachent au fond de ma gorge, ils se crispent, se recroquevillent et refusent de sortir. J'ai en moi des mots morts de trouille qui ne veulent pas se dire. D'autres fois encore, on dirait qu'ils prennent plaisir à s'embrouiller, se mélanger, c'est la galère à l'intérieur de moi.

Mais le plus difficile c'est de sentir que les mots que j'utilise en classe, avec les copains ou avec mes parents, ne sont pas les miens, que ce sont des mots empruntés, copiés, répétés bêtement, des mots qui appartiennent à d'autres que moi.

J'ai emprunté comme ça plein d'expressions en conserve, des phrases toutes faites, toutes celles qu'on entend partout dans la cour de récré, dans les squares ou dans les cages d'escalier, mais qui ne sont pas à moi : elles me servent seulement à ne pas paraître trop con devant les copains, elles me donnent un style, un genre, "mauvais genre" dit ma mère, mais elle ne comprend rien. Je l'observe et puis je vois bien comment elle aussi se tait devant mon père. Lui n'a pas besoin de mots, il lui suffit de gueuler. Les mots, il ne connaît pas, il ne connaît que les coups.

Moi, je voudrais que les mots soient à mon service, qu'ils m'aident à dire tout ce qui est au fond de moi et que l'autre en face arrête de faire comme s'il comprenait, mais qu'il les entende vraiment pour se laisser entraîner par eux.

Avec des mots à moi, vraiment à moi, j'aimerais dire ce qui va, ce qui ne va pas, ce que j'aimerais et surtout ce que je sens. C'est terrible d'être obligé de garder tout pour soi à l'intérieur, tout ce qui tourne en rond dans ma tête, dans mon corps, tout ce que j'imagine, des tas d'images, des pensées malsaines, mais aussi des trucs bien, des bouffées de colère ou d'amour, enfin, tout ce qui circule, s'agite, se bouscule.

La rumination, ce n'est pas bon. Mon ami, celui qui a tué sa copine juste avant les vacances, les journaux ont dit que c'était parce qu'il avait regardé sans arrêt le film *Scream*. Moi je ne crois pas à cette explication des adultes. Tous ceux de ma classe, ils ont tous regardé *Scream* plusieurs fois, ce n'est pas ça. On sait bien que c'est du cinéma, du ketchup, des effets spéciaux, que l'acteur se relève et va bouffer après avoir été découpé en morceaux… Non.

Le plus éprouvant, c'est qu'on ne peut pas, on ne sait pas parler de ce que l'on voit, qu'on n'arrive pas à partager nos sentiments, nos ressentis, toute la merde qui s'agite en nous. Alors on garde tout et un jour ça explose. C'est les mots non dits qui font le plus de dégâts à l'intérieur, c'est les mots qu'on garde, qu'on n'arrive pas à dire. Putains de mots qui ne se laissent pas faire…

J'avais bien commencé un carnet, j'avais inscrit des mots qui me plaisaient, j'en avais plein, mais après il faut savoir les placer, les mettre au bon endroit. Quand je tentais d'en sortir un ou deux, mes copains me regardaient avec un drôle d'air… Un jour, ma mère a dit en pleurant : "Ce qui m'aura le plus manqué dans la vie, c'est d'avoir des mots à moi pour dire ce que j'aurais voulu montrer de moi sans en avoir honte…"

Alors je ne sais plus, j'attends, j'aimerais pouvoir inventer des mots… »

Inventer des mots, des mots à soi, pour dire ainsi l'indicible, l'émerveillement, les étonnants de son vécu intérieur.

Je privilégie la fidélité à soi

Nous avons, tout au long de notre existence, à faire des choix de vie liés à nos valeurs ou à des contraintes dont nous ne maîtrisons pas toujours tous les enjeux. Et puis nous prenons aussi des engagements, c'est-à-dire que nous allons lier une période de notre temps à quelqu'un pour une action à conduire, une tâche déterminée ou un projet de vie de longue durée. Nous concevons combien il est important de tenir ses engagements, d'une part, quand c'est nous qui les prenons, d'autre part, quand quelqu'un les prend envers nous. Quelques-uns le font avec un certain laxisme, ne donnant pas beaucoup de valeur à la parole tenue ou non tenue, d'autres au contraire (dont je suis) veillent avec une scrupuleuse rigueur et même une certaine rigidité (c'est encore moi) à tenir les engagements pris ou que l'on prend envers eux.

Mais il m'est arrivé – et je ne dois pas être le seul à avoir vécu cela – d'être en difficulté, renvoyé à un conflit interne quand l'engagement que j'avais pris se trouvait confronté à un choix de vie important pour moi, auquel je devais donner la priorité sous peine de ne plus me supporter. Ainsi, lorsque j'ai découvert que je ne me respectais plus dans une relation professionnelle et que le fait de rester dans cet emploi, en essayant de prendre sur moi pour maintenir cette relation pour laquelle j'avais pris un engagement, me faisait somatiser (infections de la gorge à répétition, crise d'herpès, lombalgie tenace...) au point de m'épuiser, de redouter dès le samedi la reprise du lundi, de me gâcher l'existence et de peser lourdement sur mes relations intimes.

Cela s'est retrouvé plus tard, de façon plus cruciale, plus violente, plus déchirante, quand j'ai été renvoyé à devoir choisir entre la fidélité à l'autre et la fidélité à moi-même. J'ai privilégié la fidélité à moi-même, mon besoin de me respecter, de rester proche de mes sentiments réels et non de ceux que l'autre voulait et même exigeait de moi.

Aujourd'hui, dans un conflit semblable, j'aurais envie de dire que je me choisis, que je veille à me respecter au plus près de ce que j'éprouve, sans chercher à tout prix à vouloir faire plaisir à l'autre, en refusant de me laisser définir par ses attentes, ses peurs, ses désirs ou ses croyances.

La situation qui me paraît la plus difficile à gérer est celle qui précède la fin d'une relation amoureuse ou conjugale. Quand l'un sent qu'il ne peut plus se leurrer, en se demandant s'il aime ou s'il n'aime plus, car il sait, il sent au profond de lui que ses sentiments ont changé, qu'à l'amour se sont massivement substitués des marques de tendresse, des sentiments de gratitude ou de culpabilité, suscitant la fuite ou des conflits larvés. « Je ne savais pas comment dire à mon mari que je ne l'aimais plus, que je ne ressentais plus rien pour lui, que je n'avais aucun désir, que le seul fait qu'il puisse me toucher, moi qui l'avais tant désiré, me hérissait de colère et de honte... », « Notre situation était d'autant plus complexe que nous tenions un commerce et que la fin de notre relation amoureuse mettait en danger l'équilibre financier de l'entreprise qui nous faisait vivre tous les deux... Je sentais bien que la dissolution de notre mariage voulait aussi dire la vente de notre boutique florissante jusqu'à ce jour, mais qui commençait à battre de l'aile... » Quand il est si difficile de dire à l'autre : « Je ne souhaite plus vivre de relation intime avec toi, je n'éprouve plus de l'amour » (« je ne t'aime plus », semble impossible à dire), alors on reste dans le vague, dans la non-présence réelle, dans l'absence de plus en plus fréquente, et la fuite dans le travail, le sport ou toute autre activité qui devient soudain très prégnante et prend le relais du temps qu'on ne veut plus passer ensemble.

Se donner la priorité, oser se respecter, vouloir rester fidèle à soi-même ne sont pas des positionnements qui sont bien vus par nos proches. Nous sommes accusés d'égocentrisme et même d'égoïsme, nous sommes mis en cause par notre entourage, qui parfois gère ses propres conflits à travers nous.

Je serais tenté de dire que le choix de vie correspondant à la femme ou à l'homme que l'on est devenu(e) devrait avoir la primauté sur l'engagement. Mais c'est à chacun de savoir, d'entendre en lui ce qui domine à un moment et peut dominer à un autre.

Serais-je devenu un optimiste sans illusion ?

Quand on a eu la chance ou la malchance d'être comme moi un angoissé à fleur de peau durant toute son enfance et son adolescence, on peut imaginer que les racines de l'optimisme n'ont pas pu se développer confortablement en soi. Même si je suis conscient que cette angoisse a eu quelques avantages, comme celui de me pousser à l'action, au dépassement de soi et à la créativité, elle a laissé quand même des traces profondes et douloureuses dans mon parcours de vie.

Après avoir été durant de longues années un pessimiste refoulé, puis un pseudo-optimiste, un peu trop angélique, qui se voulait lucide à tout prix, je crois que je suis devenu, à ma grande surprise, un optimiste sans illusion.

Sans trop d'illusions d'abord sur moi-même. Quand je me sens ramené à mes limites chaque fois que je côtoie l'insupportable, alors que je m'étais cru un familier de l'impossible.

Sans beaucoup d'illusions sur le devenir de mon pays, où ces dernières années tant de personnes s'installent dans la victimisation, cultivent l'assistanat, ou s'acharnent à mettre en œuvre tant d'autosabotages pour maltraiter leurs ressources et leurs possibles.

Avec peu d'illusions sur le devenir du monde proche ou plus éloigné qui m'entoure, même si je garde un zeste d'espoir naïf que de plus en plus d'enfants, de par le monde, pourront recevoir des soins élémentaires, accéder à une sécurité suffisante pour devenir des adultes, avoir une alimentation respectueuse de leurs besoins et recevoir une éducation qui leur donnera accès non seulement à plus de savoir et de savoir-faire, mais aussi à un savoir-être, à un savoir-devenir et à un savoir-créer.

Sans illusions excessives sur l'espèce humaine qui me semble aller, pour le siècle à venir, très courageusement au-devant de beaucoup de souffrances, avec une ténacité et une persévérance sidérantes et surtout aveuglantes. Et cela même si les découvertes que nous allons faire dans les prochaines années vont bouleverser au-delà de notre existence tout l'avenir de cette planète.

Sans beaucoup d'illusions sur nos capacités à nous adapter à des changements politiques, culturels et climatiques pour lesquels nous allons devoir remettre en question, avec beaucoup de résistances et d'errances, l'essentiel de nos valeurs et de nos choix de vie.

Avec un reste d'optimisme quand même, soutenu par une croyance ultime, celle que les humains ont plus de ressources qu'ils ne l'imaginent, un pouvoir d'autoguérison plus important que celui qu'ils mettent en œuvre pour survivre, une capacité à aimer plus grande que celle qu'ils expérimentent dans leurs rencontres amoureuses et leur vie de couple ou dans la mise au monde et l'élevage de leurs enfants.

Et cependant je reste un optimiste incorrigible, pour la part de rêve que je continue de porter dans l'immensité de mon imaginaire, pour la part de créativité qui habite certains et qui ira irriguer, le moment venu, une réalité qui en aura bien besoin.

La fragilité humaine

Nous, les humains, sommes à la fois fragiles et forts, parfois puissants et souvent vulnérables, toujours imprévisibles face à nos faiblesses. Car nous sommes pris dans un mouvement de croissance ou de dépassement de soi et, en même temps, prisonniers de nos limites et de régressions possibles. Il m'a semblé intéressant de s'interroger sur la fragilité humaine dans ses origines, ses causes et ses manifestations multiples.

Il nous faut, tout d'abord, accepter notre fragilité de base, en particulier celle liée à notre état primordial d'êtres inachevés. Quand nous sortons du ventre de notre mère, notre maturation, physiologique, mentale, relationnelle, est incomplète. Ce qui nous place dans une situation critique d'immaturité et de dépendance vis-à-vis de notre environnement proche. Nos parents ou ceux qui les remplacent vont jouer un rôle vital dans cette succession de miracles qui, après notre venue au monde, vont jalonner notre enfance. Cette fragilité originelle sera diminuée ou augmentée selon la façon dont notre entourage va répondre ou pas, de façon adaptée ou inadaptée, bienveillante ou malveillante, à nos besoins de survie. C'est en ce sens que les personnes significatives de notre enfance jouent un rôle essentiel dans la construction de notre personne et surtout dans la façon dont nous allons pouvoir par la suite entrer en relation et nous confronter à un environnement plus ou moins accueillant ou menaçant.

Il y a aussi des fragilités qui vont s'inscrire en nous à partir de traumatismes, d'agressions ou de violences qui vont traverser notre existence et créer en nous des blessures archaïques profondes autour de l'humiliation, l'injustice, la trahison, l'impuissance, l'abandon ou le rejet. Blessures qui peuvent se réveiller, se réactualiser par la suite à partir d'événements apparemment insignifiants, de conduites ou de circonstances vécues comme négatives ou de rencontres qui vont se révéler toxiques ou malsaines pour nous.

Il y a des fragilités circonstancielles, éphémères ou plus durables liées à la perte d'un être cher (de chair !), à la disparition brutale de personnes de notre galaxie affective, amoureuse, comme un parent, un ami, un conjoint... et qui vont nous entraîner parfois dans un circuit de souffrance et de désarroi qui nous laissera exsangues et sans force.

Et puis bien sûr, mais cela est moins reconnu, il y a les fragilités entretenues par ce que j'appelle des « autosaboteurs », c'est-à-dire des pensées (ruminations, rancœurs), des conduites (prises de décision réactionnelles), des comportements (fuites ou provocations), des choix amoureux (passion, jalousie, mise en dépendance) qui vont nous inciter à faire exactement ce qui ne nous convient pas, à nous engager dans une direction, un choix qui ne correspond pas du tout à nos véritables besoins relationnels ou à nos attentes profondes.

Il est important de parler aussi du principe d'inégalité devant le malheur. Car la même situation conflictuelle, le même événement traumatisant lié à un accident ou à une maladie ne s'inscrit pas avec la même résonance, ne touche pas les mêmes enjeux de notre histoire, ne déclenche pas les mêmes ressources, ne débouche pas sur les mêmes peurs ou désirs chez l'un ou chez l'autre. Je précise ici qu'il y a ce qui nous arrive, nous atteint ou nous blesse, et ce que nous en faisons. Regardons les rescapés des camps de concentration nazis, des goulags soviétiques ou des génocides cambodgiens ou rwandais, pour ne citer que ces exemples. Ce sont rarement des colosses ou des personnes de forte constitution, souvent des êtres apparemment faibles, au physique peu remarquable, qui ont survécu, qui ont trouvé des ressources insoupçonnées en eux pour traverser l'enfer et rester vivants. Il y a des êtres dont le quotient de résilience paraît plus élevé que chez d'autres, ce qui leur permet de mieux rebondir, d'être plus actifs, plus dynamiques dans la reconstruction de leur personne.

Ainsi, un des paradoxes de notre fragilité réelle sera de susciter non seulement des faiblesses ou de l'impuissance, mais aussi de stimuler des ressources inattendues, de reculer nos limites, de nous permettre de renaître, de nous réapproprier un pouvoir de vie nouveau.

Notre besoin d'être reconnu

Nous avons de multiples besoins relationnels, dont je rappelle les plus vitaux : besoin de se dire, d'être entendu, d'être reconnu, d'être valorisé, besoin d'appartenance, d'intimité, besoin de créer et de rêver. Le besoin d'être reconnu tels que nous sommes, tels que nous nous sentons (et non comme l'autre nous voudrait) me semble être un des plus sensibles. En particulier, quand notre ressenti immédiat ne correspond pas aux perceptions d'autrui, quand il y a un décalage entre l'image que nous avons de nous et l'image que nous renvoie l'autre.

Ce besoin d'être reconnu est plus souvent blessé qu'on ne l'imagine. Ainsi, quand nous faisons beaucoup pour quelqu'un et que cela n'est pas reconnu, quand nous donnons le meilleur de nous et que cela n'est pas reçu, quand nous offrons la part la plus féconde de notre être et que celle-ci est ignorée ou galvaudée, alors se réveillent des blessures qui saignent à l'intérieur, s'incrustent des souffrances indicibles, s'installe le désespoir et se développe la non-confiance en tout ce qui nous entoure et, surtout, en nous-même. Cela arrive dans certaines relations amoureuses, également dans certains couples, cela surgit dans certaines relations parentales, cela s'installe et perdure dans des relations professionnelles.

Notre besoin d'être reconnu et accepté inconditionnellement, même avec nos contradictions, est un des plus archaïques, il est toujours à l'affût, cherchant confirmation. Besoin qui se diversifie immédiatement en besoins secondaires tout aussi importants : besoin d'être approuvé, confirmé, gratifié et identifié comme bon, comme important, comme porteur de qualités rares, perçu comme source de bienfaits.

Si je ne me sens pas reconnu, que ce soit dans le beaucoup que j'ai donné ou le peu que j'ai fait, s'ouvre en moi une faille qui va se remplir d'un ressenti pernicieux, sur lequel l'imaginaire va broder des arabesques autour de la victimisation, voire de la persécution. Je me sens alors mal aimé, incompris, bafoué, maltraité dans ma bonne volonté de bien faire, indigné que l'on puisse penser que j'aurais dû en faire plus ou agir différemment, et très souvent blessé que l'on puisse imaginer que j'aie pu agir consciemment, volontairement.

Un travail sur soi, autour de la vulnérabilité sécrétée par le besoin d'être reconnu, pourra se faire en comprenant mieux qu'il y a en amont de notre histoire deux besoins incompatibles : le besoin d'approbation et le besoin d'affirmation. Que le premier ne peut pas toujours cohabiter avec le second. Que si je prends le risque de m'affirmer, il faudra peut-être que je renonce à l'approbation d'autrui et, en particulier, de ceux qui me sont proches. Dans ces conditions le besoin d'être reconnu sera fragilisé, il restera présent en chacun, mais beaucoup moins sensible, moins à fleur de peau et donc plus vivable.

Le conflit entre besoin et désir, source de violence et d'autoviolence

Le conflit entre besoin et désir qui parfois s'agite en nous est le prototype même du conflit intrapersonnel. Conflit d'ordre intime, que l'on transforme le plus souvent en conflit interpersonnel, c'est-à-dire en un conflit avec autrui, proche ou moins proche, que nous projetons en le rendant responsable d'un choix insatisfaisant ou frustrant que nous avons fait, faisons ou avons du mal à faire.

Nous sommes des êtres animés de nombreux besoins (besoins de survie, besoins éducationnels, besoins d'appartenance, besoins relationnels) mais aussi habités et même tenaillés par des désirs innombrables qui jaillissent en nous à chaque instant et qui sont aujourd'hui sans cesse restimulés par les tentations très envahissantes d'une société de consommation sans limites. Une des fonctions parentales parmi les plus essentielles consiste à poser suffisamment de balises (limites, interdits, sanctions) pour permettre aux enfants de mieux différencier leurs besoins de leurs désirs, et d'assumer les frustrations inévitables découlant du fait que tous leurs désirs ne seront pas comblés. Mais cela suppose que les adultes sachent pour eux-mêmes quelles sont les différences entre un besoin et un désir.

Le propre d'un besoin, c'est qu'il requiert d'être comblé ou satisfait a minima, sous peine de mettre en danger l'équilibre physiologique ou psychologique de celui qui n'a pas de réponses appropriées à ses attentes sur ce plan.

Le propre d'un désir c'est qu'il ne doit pas être disqualifié ou rejeté. Un désir a surtout besoin d'être reconnu, entendu, respecté et parfois comblé. S'il est satisfait il va déboucher sur du plaisir, s'il n'est pas entendu ou satisfait cela pourra déclencher une frustration. Mais cela ne mettra pas pour autant en péril l'existence de celui ou celle qui a témoigné de son désir.

Quand un désir est satisfait, l'enfant ou l'adulte sera dans un état de bien-être plus ou moins provisoire. Quand le désir est différé ou non comblé, il déclenche un état de mal-être ou de gêne à des degrés variables : déception, frustration, colère contre l'autre (vécu comme méchant, non compréhensif, non aimant) ou contre soi (« mais pourquoi me suis-je abaissé à demander, à parler de mon désir, quel idiot je suis... »).

Depuis quelques décennies, et cela pour des raisons très diverses (culpabilités diverses chez les parents, pressions consuméristes, influence des médias), beaucoup d'enfants sont « élevés » (je devrais dire aliénés) avec des réponses sans nuance, de la part de leur famille, à la quasi-totalité de leurs désirs (tout, tout de suite, sans contrepartie) et paradoxalement deviennent très frustrés sur le plan de leurs besoins, en particulier leurs besoins relationnels. C'est qu'une réponse sans limites à leurs désirs suscite, chez les enfants, un seuil de frustration très bas. Si bien que toute rencontre avec la réalité, qui sera nécessairement frustrante, sera vécue par eux comme une agression, à laquelle ils vont répondre par de la violence. Nous avons là l'origine la plus masquée et la plus généralisée de la violence à l'école, dans les quartiers ou ailleurs. Parfois aussi cette violence dont les enfants sont porteurs se retourne contre eux-mêmes à travers des conduites à risque, des addictions, des comportements autodestructeurs.

En comprenant mieux la différence entre besoin et désir, nous pourrons proposer à nos enfants des relations plus claires, plus fermes aussi et donc plus constructives pour leur développement et plus ouvertes pour leur rencontre avec le monde qui les attend.

L'amitié, ah l'amitié !

Dire tout d'abord que l'amitié, contrairement à ce que pensent beaucoup, n'est pas fondée sur un sentiment partagé ou mutuel, mais sur un ensemble de ressentis qui, quand ils sont présents dans une relation, nous confirment que cette personne mérite d'être notre ami.

Dire également qu'il y a plusieurs niveaux ou degrés dans l'amitié proposée ou reçue :

- L'amitié de circonstance, donc souvent passagère, qui laisse une trace légère des échanges et des moments agréables passés en commun.
- L'amitié précoce, qui se crée dans l'enfance, et qui, même si elle n'est pas entretenue ou a un suivi aléatoire, constitue pour nous un ancrage de bien-être, de réassurance qui nous accompagnera longtemps.
- L'amitié mature, fondée sur des affinités, une confiance sans réserve, une complicité qui sera confirmée à la fois dans les moments de partage heureux mais aussi dans les passages difficiles de notre existence.

Les ressentis spécifiques à l'amitié représentent une gamme de perceptions allant de la tendresse à la confiance en passant par la complicité, par un accord avec nos propres idées, croyances, engagements, et surtout par le fait de les sentir acceptés inconditionnellement par celui ou celle que nous considérons comme notre ami(e).

Ce qui caractérise l'amitié c'est la réciprocité ou la mutualité. Je sais que je peux attendre de mon ami ce qu'il peut attendre de moi, sans aucune défaillance chez lui ou chez moi. Cette acceptation inconditionnelle, non porteuse de jugements de valeur, de critiques ou d'ambivalence me semble essentielle pour caractériser ce que j'éprouve envers celui ou celle que je peux considérer comme un(e) ami(e).

La transparence est une des qualités présentes dans l'amitié. Transparence quelquefois relative, car nous avons tous des zones d'ombre et un besoin de jardin secret. Mais c'est souvent avec un ami, plutôt qu'avec un conjoint par exemple, que l'on partagera des interrogations sur son jardin secret ou sa vie intime. C'est la grande fonction de l'amitié que de pouvoir confier à un ami ce que l'on se dit à soi-même : la fonction miroir.

Souvent la question d'un certain droit de réserve dans l'amitié m'a été posée. Je ne sais pas ce que veut dire « droit de réserve », je considère que l'amitié suppose le respect de la confidentialité. Le vrai ami est celui dont on sait qu'il ne révélera pas ce que nous lui confions.

Le tout-dire est possible, mais pas n'importe quand, n'importe comment. Dans le tout-dire, il ne faut pas confondre le dire de ce qui nous concerne et qui nous appartient et le dire qui concerne un autre. Si je découvre que la femme de mon ami a une relation clandestine, cela ne me concerne pas, cela concerne sa femme et appartient à la relation de mon ami avec elle. Je peux me positionner devant sa femme et l'inviter à clarifier au plus tôt cette situation. Comme je peux aussi renoncer à poursuivre une relation avec elle pour ne pas collaborer à sa transgression. Personnellement je considère que ce n'est pas à moi de révéler la vie intime de sa femme à mon ami.

Il y a aussi ce que j'appelle des « relations toxiques ». Une amitié devient toxique quand elle devient envahissante, abusive au niveau des demandes, quand il y a absence de réciprocité. Il convient de tenir compte de l'évolution de chacun : je ne suis pas le même aujourd'hui que lorsque cette amitié est entrée dans ma vie, il (elle) n'est pas non plus la même personne et il est possible que l'accord qui existait se soit délité.

Les âges de notre vie

Dans l'histoire du développement affectif et social du petit homme, en quelques années seulement, deux nouveaux stades sont venus s'ajouter aux stades habituellement décrits par les manuels de psychologie. Ainsi, entre le moment où je suis sorti du ventre de ma mère, il y a soixante-dix-neuf ans, et celui de l'instant où j'écris, il me semble que la vie de mes contemporains (comme la mienne) s'est considérablement élargie et approfondie.

Imaginons la vie comme un fleuve (qui n'est jamais tranquille), dont la source est constituée par l'arrivée au monde d'un bébé et dont le cours sera protégé et balisé par la petite enfance, puis canalisé et structuré par l'enfance, agité et bousculé ensuite par l'adolescence, parfois ancré et confirmé par l'âge adulte et la maturité, pour s'ouvrir et se répandre dans le dernier versant de la vie en un estuaire large, profond, ramifié de mille canaux, étangs, sites naturels débouchant sur un océan d'infini qu'on appelle la « vieillesse ». Sur ce fleuve aujourd'hui sont venus se greffer deux autres affluents importants qui n'existaient pas autrefois.

Classiquement on décrivait la petite enfance, qui se rappelait à nous par de nombreux souvenirs heureux ou moins heureux, avec la mémoire fidèle du cœur et du corps, ensuite l'enfance et ses péripéties familiales et scolaires, puis l'adolescence, à la fois chaotique et intense, brumeuse et ensoleillée, et enfin le début de l'entrée dans le monde des adultes avec le premier emploi, les premières amours, les enjeux d'une autonomie à conquérir. Mais depuis deux ou trois décennies, entre le monde de l'adolescence et celui de l'âge adulte est venu se loger ce qu'il serait possible d'appeler l'« adultolescence ». Stade qui trouve sa place entre dix-huit et vingt-huit ans, sorte de nouvelle phase de latence avant l'entrée, parfois retardée ou crainte, dans le monde adulte. Période pleine d'ambiguïtés, où un jeune adulte se trouve coincé entre une autonomie affective relative, une semi-autonomie matérielle, une pleine autonomie intellectuelle et une dépendance financière souvent quasi totale envers les parents ou la société s'il est boursier, chômeur ou soutenu par des aides sociales. Tout se passe comme si les engagements affectifs, professionnels, sociaux et les choix de vie, qui confirmaient habituellement l'entrée dans l'univers adulte, étaient repoussés… à plus tard.

À l'autre bout de la vie est apparue une nouvelle étape, qui correspond au moment de la retraite. Il y a quelques décennies, celle-ci représentait une sorte de confirmation de l'entrée en vieillesse, appelée « troisième âge ». S'est désormais glissé un âge intermédiaire, celui des seniors, situé avant la vieillesse proprement dite, la grande vieillesse du quatrième âge étant elle-même repoussée encore plus loin, tout au bout de l'existence ! Cette nouvelle phase concerne des êtres au corps bien conservé, vivants, très actifs pour beaucoup, avides de connaître une période de vie dynamisée quelquefois par l'envie de rattraper le temps passé ou perdu à travailler, avec le désir de réparer une vie d'adulte vécue sur un mode trop trépidant, souvent morcelé, trop rapide, et le besoin, au-delà du désir, de s'accorder enfin des espaces de plaisir et de bien-être, des espaces de temps. S'ouvre ainsi pour les seniors une période pleine de possibles, où ils semblent n'avoir jamais été aussi jeunes, disposant de toutes les ressources pour réaliser des rêves et des projets personnels intenses.

Ainsi, ce long fleuve de l'existence qui trace sa route à un rythme propre à chacun nous réserve encore beaucoup de surprises et, quoi que certains en pensent ou en disent, l'existence vaut la peine d'être vécue à pleine vie.

Pour ne pas confondre perte et disparition

« J'ai perdu ma maman », « J'ai perdu mon père », « J'ai perdu mon fils dans un accident de moto… » : il s'agit là d'expressions fréquemment utilisées, par ceux et celles à qui s'est imposée la perte d'un être cher ou proche, qui ont été confrontés à la disparition d'une personne importante pour eux, qui ont vécu un bouleversement violent, lié à la mort de quelqu'un qui comptait pour eux.

C'est Dominique Geffroy, qui vit au Québec, formatrice en Méthode ESPERE®, qui a attiré mon attention et m'a sensibilisé à nouveau à une confusion que nous faisons souvent entre une perte et une disparition. Car en disant « j'ai perdu… », en restant centré sur la notion de perte, on risque d'inscrire en soi un double malentendu.

D'abord, si j'ai perdu quelque chose ou quelqu'un, cela veut dire peut-être que je peux garder l'espoir de retrouver sinon la personne, du moins le souvenir de la relation, ce qui risque de me piéger dans une attente vouée à l'échec, dans l'espoir d'un miracle, d'une répétition.

L'autre malentendu est de confondre la personne qui a disparu avec ce que j'ai réellement perdu dans cette disparition. Il faut donc déplacer notre attention, arrêter de rester polarisé sur la personne, et commencer à se centrer sur ce que représentait réellement cette personne dans notre vie.

« Qu'ai-je réellement perdu en perdant ma mère ? N'est-ce pas la partie maman, qu'elle ne m'a jamais donnée et que j'ai toujours espérée qu'un jour elle pourrait quand même m'offrir en étant enfin une maman bienveillante pour moi ? »

« Qu'ai-je perdu en perdant mon fils ? N'est-ce pas l'espoir de pouvoir être un jour grand-père ou grand-mère, et de voir ainsi ma lignée se prolonger ? »

« Qu'ai-je perdu en perdant mon meilleur ami ? N'est-ce pas une présence chaude, bienveillante, un soutien, un repère, un ancrage important de ma vie ? »

« Qu'ai-je perdu en perdant ma femme, mon mari ? N'est-ce pas une présence rassurante, amoureuse, des plaisirs partagés, des projets en commun ? Le rêve de vieillir ensemble ? »

Autrement dit, je peux me leurrer en pensant que ce qui me manque est la personne, alors que le manque véritable est ailleurs et va continuer à hurler ou à se manifester en moi longtemps si je ne prends pas soin de ce manque.

C'est ce qui fait mieux comprendre que nous pouvons, à la suite du décès d'un conjoint, recommencer une relation conjugale, nous engager à nouveau, sans pour autant combler le manque qui continue à nous habiter. Manque non pas d'une personne, il faut le répéter, mais de ce que cette personne représentait, nous apportait, venait combler dans notre histoire.

Il sera important à la disparition de quelqu'un de significatif dans notre vie de bien déterminer où se positionne la vraie perte. Qu'avons-nous perdu qui ne reviendra jamais ? Dans quel domaine cette perte a été la plus vive, la plus essentielle et surtout à quel manque, ancien, primaire parfois, cela nous renvoie-t-il encore aujourd'hui dans notre vie d'adulte ?

Cette démarche de recentration me paraît très importante avec les enfants. En les aidant à visualiser non pas la personne disparue mais ce qu'elle apportait, ce qu'elle représentait, à quel manque ou attente elle renvoie aujourd'hui, nous pouvons les aider à ne pas entretenir des répétitions, des scénarios qui leur feraient rechercher un leurre ou s'engager dans des actions ou des relations qui resteraient insatisfaisantes car trop chargées de frustrations.

Parfois aussi un déménagement, la vente d'une maison de famille, une expatriation vont réveiller une blessure ancienne, réactiver une situation douloureuse inachevée et déclencher des comportements réactionnels ou inadaptés, si l'on n'entend pas la nature de ce qui a disparu, de ce qui a été perdu. Ou, dans un tout autre domaine, quand nous entendons : « Avec l'arrivée de la crise dans mon secteur, j'ai perdu mon emploi », « Quand mon entreprise a été rachetée, j'ai perdu mon poste ». Là aussi nous pouvons inviter la personne à s'interroger : qu'a-t-elle réellement perdu ? Une sécurité, une source de valorisation ou de réalisation personnelle, un statut social ?

En posant ces quelques balises, nous pouvons permettre à ceux qui vivent la disparition d'un être cher ou d'une situation acquise comme une perte déstabilisante voire destructrice de mieux cerner comment il leur serait possible de ne pas entretenir trop longtemps cette violence en eux.

Le désir de parler pour cacher le besoin de dire

Alors que certains pensent qu'il faut combler l'absence d'idées par une éloquence pleine de vide et que ce n'est pas parce qu'on n'a rien à dire qu'il ne faut pas prendre son temps pour le dire, il est des personnes qui ont beaucoup à dire, des choses essentielles, importantes mais qui le masquent par un écran de mots, qui s'enferment dans un verbiage futile, creux. Des hommes et des femmes qui justement s'empêchent de parler de ce qui est au centre de leurs interrogations. Ceux-là « déparlent » pour ne pas parler, tant ce qu'ils auraient à exprimer pourrait bouleverser non seulement leur entourage proche, mais surtout eux-mêmes.

Ainsi nous pouvons rencontrer de ces affamés qui se cachent et se nourrissent d'un excès de mots pour ne pas avoir à dire ce qui les habite ou les étreint. Encore faut-il savoir entendre sous le crépitement continu des paroles ce qui tente quand même de se révéler, ce qui veut pathétiquement se faire entendre, non pas tant de nous qui sommes là et recevons de plein fouet ce déferlement, mais d'eux-mêmes, de cette part d'eux-mêmes qui réclame une existence, qui tente d'émerger du non-dit…

Quand un tel flot se répand sur vous, le plus souvent sous la forme d'un mitraillage tous azimuts, ne commettez pas l'erreur de répondre à une question, d'ailleurs vous n'en avez pas le temps, la question suivante vient bousculer la précédente, qui elle-même sera délogée par la suivante : « Alors comment allez-vous, votre dernier voyage s'est bien passé, des amis m'ont dit que vous partiez souvent à l'étranger, ah quand on a la possibilité de voyager comme vous, faut en profiter, moi aussi quand j'étais plus jeune je voyageais beaucoup, mais depuis que mon mari est malade, vous comprenez, ce n'est pas facile, je ne peux pas le laisser seul, quoiqu'il me dise souvent que je pourrais prendre du bon temps, qu'il me gâche la vie, que je devrais en profiter plus mais là, je vous le dis de vous à moi, il ne sait pas ce qu'il dit, enfin on fait ce qu'on peut avec ce qu'on a et d'ailleurs je pense que vous aussi vous n'aimez pas bien ça au fond, voyager tout le temps, que vous préféreriez rester chez vous de temps en temps, c'est normal il faut savoir se reposer, ma fille ne sait pas se reposer, pourtant je lui dis qu'elle devrait arrêter un peu mais elle ne m'écoute jamais, vous savez ce que sont les enfants d'aujourd'hui, ils n'écoutent rien, moi j'ai voulu un garçon mais j'ai eu trois filles, alors quand j'ai vu que ça ne marchait pas j'ai arrêté, déjà trois je trouve qu'il y en a deux de trop, chez nous j'ai toujours entendu ma mère dire : "Trois enfants c'est le bon équilibre" mais elle n'a pas su nous élever pour autant, elle n'était jamais là, faut pas l'accuser, c'était une brave femme quand même, quand on est mère on se sent responsable de tout ce qui arrive à ses enfants, mais il y a quand même des choses qu'on ne peut pas prévoir, la vie ne nous fait pas de cadeaux, vous ne croyez pas, d'ailleurs vous l'avez suffisamment écrit, je ne suis pas toujours d'accord avec ce que vous dites mais je sais que les gens aiment beaucoup, mais enfin il ne faut pas prendre pour argent comptant tout ce qui est écrit, sinon on irait où… » Cela peut se poursuivre durant des heures et se répéter à chaque rencontre ! Ce mitraillage est destiné à vous tenir à distance, pour que la personne qui les jette sur vous ne soit pas confrontée à elle-même et fasse ainsi l'économie de se rencontrer.

Ces phrases en conserve, dévitalisées, qui se déposent sur vous ne visent qu'à cacher encore plus l'indicible : « Je ne sais pas avec qui j'ai vécu durant quarante ans mais ce n'était pas avec moi-même, surtout pas. Je ne me supportais pas et je courais de l'un à l'autre pour me fuir, pour ne pas m'entendre, pour ne pas me rencontrer… Quand j'ai eu cet accident qui m'a immobilisée, j'ai commencé à comprendre que je pouvais enfin m'entendre… »

Lorsque l'écran des mots déversés ne vous permet pas d'approcher, de vous relier, de poser les jalons d'une rencontre, au-delà d'un échange qui ne soit pas superficiel, qui ne demeure pas à la surface d'une vie en dérive, il ne vous reste qu'à être présent et peut-être accueillir un mot, un seul, et dire que ce que vous avez entendu de plus important était contenu dans ce mot. Peut-être rebondira-t-il pour aller plus loin chez celui ou celle qui vous parle sans vouloir se dire.

Renaissance

« C'est à cinquante ans, deux ans après mon divorce, que j'ai commencé à m'aimer, à prendre soin de moi et surtout à me respecter et être ainsi fidèle à moi-même. Ce que j'avais, durant des années, oublié de faire. Dans un premier temps beaucoup de mes amies m'ont plainte, ont tenté de me rassurer : "Un de perdu, dix de retrouvés…, Tu as encore toute la vie devant toi." Elles voulaient m'insuffler de l'énergie en me proposant de sortir, de m'éclater, de commencer une autre relation. D'autres au contraire m'ont invitée à être prudente, plus centrée sur moi, à ne pas m'embarquer dans n'importe quoi avec un homme… J'ai fait le choix de rester seule, de me réapprivoiser, de prendre le temps de refaire connaissance avec moi-même, de prendre le risque de rencontrer la femme que j'étais devenue, à petits pas au début, puis de façon de plus en plus enthousiaste. Cela a duré trois ans. Je me rends compte aujourd'hui que j'avais besoin de tout ce temps pour grandir et me construire comme personne indépendante, capable de faire face à ses besoins, surtout affectifs, sans quémander en permanence des réponses et des attentions chez l'autre... »

Et cette femme poursuit son témoignage en me disant combien cette rupture, après vingt-cinq ans de vie commune (conjugale et familiale), si elle l'a vécue dans un premier temps avec beaucoup de souffrance et de désarroi a été par la suite l'équivalent d'une renaissance : « J'ai pris conscience que je ne savais pas m'aimer, que j'étais donc toujours dans le besoin d'être aimée, de vérifier si l'autre tenait à moi, sans me rendre compte que je le désespérais par des demandes permanentes de réassurance, des attentes si infantiles qu'il n'avait pas une femme devant lui mais une sorte de petite fille, un peu monstrueuse, qui réclamait sans arrêt des soins, des attentions, des marques d'amour ! »

Ainsi la séparation, suivie d'un divorce, a certainement permis à cette adulte non seulement de couper un cordon qui n'avait pas été complètement tranché au début de son existence, mais aussi de se découvrir, de faire connaissance avec ses ressources, de commencer à s'apprécier et de devenir une meilleure compagne pour elle-même.

Vue maintenant du côté de la personne qui quitte, la décision de se séparer, de renoncer à une relation amoureuse ou conjugale traduit dans beaucoup de cas un désir devenu de plus en plus pressant de s'éloigner de ce que l'on est devenu et que l'on ne supporte plus, pour tenter de se réconcilier avec une partie de soi qui ne s'est pas développée dans la relation, renouer avec des possibilités et des ressources restées en friche, à l'abandon que l'on sent confusément être en attente ou en éveil en soi. Encore faut-il traverser et dépasser la souffrance première, l'impact lié au cataclysme provoqué chez celui ou celle qui est abandonné(e).

La vie semble être ainsi une succession de naissances, auxquelles nous accédons au travers d'un certain nombre d'épreuves structurantes comme les séparations, de rencontres significatives, de découvertes singulières…

Il faut parfois prendre le risque de la solitude pour se rencontrer et découvrir que la pire des solitudes n'est pas d'être seul, mais d'être un compagnon épouvantable pour soi-même.

Se sentir persécuté

Qu'on se sente persécuté, mal aimé, ignoré ou rejeté, ces ressentis spécifiques peuvent surgir en nous de façon occasionnelle ou répétitive et parfois persistante. Suivant leur intensité, ils peuvent être l'équivalent d'un redoutable message toxique que nous nous envoyons à nous-mêmes. Message qui va se traduire le plus souvent par un monologue intérieur, parfois lancinant, dans lequel nous prêtons à l'autre, proche ou plus lointain, connu ou inconnu, une pensée, une intention négative à notre égard.

« Je suis sûr qu'il m'a vu, mais il a fait semblant de ne pas me reconnaître, il continue à me nier, je ne compte pas du tout pour lui, je n'existe pas, d'ailleurs dès le début j'ai senti qu'il ne m'aimait pas... », « J'ai très bien vu comment cette femme au cours de ce cocktail me regardait avec mépris et je suis sûr qu'elle a fait exprès de me bousculer. Elle avait toute la place pour passer sans me déranger, mais il a fallu qu'elle se colle à moi et m'écarte volontairement de son chemin. Cette femme n'est pas normale, c'est une malade... », « Cela fait quatre ans que je suis dans cette boîte pourrie, ma collègue est arrivée six mois après moi, elle n'a même pas terminé sa licence et c'est à elle qu'on a donné la promotion. C'était couru d'avance, je dis ce que je pense et ça me retombe dessus. Mais enfin, dire la vérité de temps en temps est nécessaire... », « La mère de ma femme ne me sourit jamais, c'est tout juste si elle me dit bonjour et il faut qu'elle trouve toujours quelque chose à critiquer chez moi, ma façon de m'habiller, de conduire, de me garer devant leur grille, de parler à ma femme, d'être trop gentil avec mes enfants, de me tenir à table, de couper ma viande ou de tenir ma tasse à café, tout est bon pour elle pour me rabaisser. Je crois qu'elle n'a jamais supporté que sa fille veuille se marier avec moi... »

Ainsi tout événement, même le plus anodin, une parole banale, une attitude ouverte vont être reçus, récupérés, interprétés comme un jugement négatif, intentionnel, une critique injuste, une accusation erronée. Jugement, critique et accusation sont perçus comme chargés d'une énergie toxique visant à porter atteinte à l'intégrité physique, psychologique ou relationnelle de celui qui s'en empare, alimentant ainsi sa souffrance. Cette victimisation va alors polluer sa journée ou même sa semaine, intoxiquer non seulement son imaginaire mais la plupart de ses conduites. Se vivant comme persécuté, il va le plus souvent se transformer en persécutant, persuadé en cela d'être dans son bon droit. Et en toute bonne foi, il va sécréter à son tour des paroles, des conduites et des comportements visant à disqualifier, à blesser, à porter atteinte à celui ou celle qu'il ressent comme son persécuteur.

Quand une telle dynamique s'installe dans une relation intime, cela peut devenir énergétivore et susciter tout un système de contre-accusations, de justifications, de dénis qui vont violenter la dynamique des échanges. Tout se passe comme si le partenaire incriminé devait faire face à deux personnes : une personne A, aimante, agréable, généreuse et bienveillante et une personne B, susceptible, irritable, réactionnelle, défensive ou agressive. Chez cette « deuxième » personne la souffrance est réelle, le ressenti douloureux qu'elle éprouve en se sentant persécutée va dominer émotionnellement toutes ses autres conduites.

Le témoignage de cet homme vivant avec une femme qui se sent très souvent persécutée illustre la difficulté à partager et à se proposer l'un à l'autre un échange en réciprocité : « J'étais très amoureux d'elle, son amour, sa générosité, son humour et sa tendresse faisaient de moi un homme comblé. Je n'avais jamais vécu une relation aussi essentielle pour moi. Et puis, par périodes, surgissait devant moi une tout autre femme, qui prétendait que mes amis, des connaissances et moi-même parfois ne la respectaient pas, lui en voulaient, avaient à son égard des comportements, des paroles, des attitudes inacceptables. Au début, maladroitement, je tentais de dédramatiser, de replacer dans le contexte, de recadrer paroles et comportements, sans comprendre que je devenais à mon tour un persécuteur. Un allié des autres, quelqu'un qui ne comprenait rien, qui excusait ou justifiait ces personnes qui en voulaient à la femme que je prétendais aimer ! Ma relation intime se trouvait souvent au bord d'un gouffre d'incompréhension qui allait l'engloutir. » Cette situation en effet est ingérable avec les seules ressources du couple. Il convient d'entreprendre un travail d'accompagnement (coaching, psychothérapie), de formation (aux relations humaines) pour dénouer les enjeux anciens qui sont à l'origine de cette dynamique.

Il peut arriver que le couple fonctionne en miroir, chacun se sentant persécuté par les commentaires et l'attitude de l'autre, chacun entretenant à l'égard de l'autre des tentations de persécution, ce qui donne lieu à des confrontations épiques et parfois mortifères. Le couple persécuté-persécutant, dans sa dimension la plus intense, peut se développer en système paranoïde et même déboucher sur des conduites paranoïaques destructrices. Nous entrons là dans une dimension pathologique qui relève d'autres démarches à la fois de compréhension et de traitement.

Si vous faites des projets…

Si vous faites des projets
pour un seul instant de rêve,
offrez-vous, sans aucune réticence,
la liberté d'oser tous vos désirs.

Si vous faites des projets
pour vous seul(e),
respectez la vie qui est en vous.

Si vous faites des projets
pour une seule minute,
prenez le temps de vous aimer.

Si vous faites des projets
vers un seul jour,
apprenez à aimer.

Si vous faites des projets
pour une année,
semez un grain de blé ou de riz.

Si vous faites des projets
pour dix ans,
plantez un arbre.

Si vous faites des projets
pour une vie, une seule vie,
protégez ou donnez la vie à un enfant.

Si vous faites des projets
pour cent ans,
dédiez-vous à l'éducation des êtres humains.

Si vous faites des projets
pour plusieurs vies,
consacrez-vous à l'amour exclusivement.

Si vous faites des projets
pour l'éternité,
militez dès aujourd'hui pour un monde sans violence.

Vivre sa vie à pleine vie

Vivre sa vie à pleine vie, c'est vivre non pas sur un mode égocentrique (heureux d'être satisfait de soi sans se remettre en cause, se sentir au centre de l'attention de tous !) ou narcissique (en ramenant tout échange, tout événement à sa propre personne, en imaginant que tout nous est dû !), mais en étant simplement ouverts sur ce qui nous entoure, en étant présents dans l'instant du présent, en étant, et en restant, un bon compagnon pour nous-mêmes et pour autrui, autour de quatre repères (que je ne cesse de rappeler) : apprendre à s'aimer, à se respecter, à se responsabiliser et à rester fidèle à soi-même. En acceptant surtout de mieux conscientiser qu'une infime mais importante parcelle de la Vie qui nous habite mérite notre attention et notre amour.

Savoir se proposer à soi-même et proposer à autrui des relations vivantes, dynamisantes et créatrices ne relève pas de la bonne intention ou de bons sentiments, cela suppose le respect de quelques règles d'hygiène relationnelle et leur mise en application au quotidien des rencontres. Cela bien sûr est facile à énoncer, il nous arrive même de prendre des décisions en ce sens, de nous envoyer des injonctions bienveillantes et pleines de bonnes intentions pour abandonner ou améliorer certaines conduites. Cependant une bonne relation avec la Vie qui nous habite ne se joue pas dans le faire, mais dans l'être. Et l'être qui est en nous ne se laisse pas *faire* facilement ! Non pas qu'il résiste ou s'oppose, mais il est souvent prisonnier d'habitudes, de conditionnements, d'injonctions ou de missions anciennes qui le structurent, le formatent, le ligotent, ce qui nous laisse croire que nous avons peu de possibles ou de marge de manœuvre pour bouger et changer.

Mieux conscientiser que chacun d'entre nous a reçu une parcelle de Vie au moment de sa conception est une découverte que nous pouvons faire, plus ou moins facilement. Encore faut-il visualiser, rendre présente, j'aurais envie de dire touchable cette Vie qui est en nous.

Ce qui m'a aidé, c'est de trouver et porter sur moi un objet (une petite pierre bleue) qui symbolisait ma vie et qui me rappelait ainsi, chaque jour, que je me devais d'en prendre soin. C'est-à-dire qu'il m'appartenait (c'était de ma seule responsabilité) d'établir une relation plus constante, plus positive, plus dynamique avec elle. Et progressivement j'ai pu échanger avec elle – échanges qui auraient fait sourire ceux qui auraient pu les entendre, tant ils pouvaient paraître puérils.

Paroles bienveillantes adressées à la compagne la plus fidèle qui m'accompagnera jusqu'au bout de mon existence : ma vie. « Bonjour, tu es vraiment là ce matin, j'ai en te sentant en moi une bouffée de confiance et d'assurance qui me réveille et me conforte pour commencer cette journée», «Ce soir, ma vie, j'ai envie de te faire entendre Jean Ferrat quand il chante "Que c'est beau la vie"! C'est une vraie chanson pour toi! Et je pense aussi à un choral de Bach qui te magnifie», «Cela fait quelques jours que je te bouscule, je le sens bien à la façon dont tu te replies sur toi, dont mon dos se courbe plus douloureusement, dont mes pensées s'agitent un peu trop inutilement, ressassant toujours les mêmes choses dans un tourbillon sans fin...» Paroles intimes qui me relient à cette part de vivance qui témoigne à chaque instant que je suis vivant et que c'est tout cela que je peux offrir aussi à ceux que j'aime, qui m'entourent.

Paroles d'enfant

recueillies dans des rencontres de chaque instant…

Les enfants pragmatiques d'aujourd'hui ne s'embarrassent pas de romantisme, ils savent décoder les errances.

Léa, onze ans : « Il paraît qu'avant les amoureux ils devaient attendre le jour de la Saint-Valentin pour déclarer leur amour. C'est bien beau tout ça, mais si on tombe amoureux le lendemain de la Saint-Valentin… attendre un an, ça fout les boules ! »

Jérémy, huit ans : « Moi, plus tard, je n'ai pas envie de travailler, je veux être dans l'ordinateur, celui qui te dit que tu peux gagner des voyages en bateau ! »

Naëma, douze ans : « Pour s'embrasser, avec les garçons, c'est pas du tout pareil qu'avec les filles ! Avec les filles c'est simple, on se fait un bisou sur chaque joue et puis c'est tout. Avec les garçons, il faut pencher la tête dans le bon sens, sinon on se cogne avec le nez. Et leur bouche à eux, elle est toute mouillée. »

Maeva, onze ans : « Pour s'embrasser avec les garçons, c'est chaque fois pareil, on doit attendre qu'il y ait une occasion, et quand il n'y a pas d'occasion, qu'est-ce qu'on peut faire ? Nos devoirs de classe ? »

Alexandre, douze ans : « Quand t'es vraiment amoureux, tu peux pas l'être seulement en dehors des heures d'école ! Parce que tu portes tes sentiments avec toi partout, même en classe ! »

Dans un village du Darfour : « Qu'est-ce que tu veux faire plus tard ? demande ce touriste plein de sollicitude à un petit garçon qui tend sa main.

– Je veux être vivant ! »

Léonard, six ans, vient d'assister à une dispute entre son grand-père et sa grand-mère qui ont décidé de divorcer : « Grand-père, il dit qu'il aime encore grand-mère, mais je crois que c'est un mauvais amour. Grand-père, il ne supporte pas le bonheur de mamie qui l'a quitté parce qu'elle était malheureuse avec lui, et qu'elle préfère être malheureuse toute seule. C'est moins pénible, elle a dit ! »

Lilou, quatre ans : « Cette nuit j'ai rêvé que papa était devenu très méchant avec moi, mais je sais que ce n'est pas vrai, que c'était seulement dans ma tête et pas dans la sienne. »

Viva, quatre ans, elle se lave les dents, soudain elle s'arrête, la main en l'air, et regarde sa grand-mère qui se brosse les cheveux : « Grand-mère, quand est-ce que tu vas mourir ?

– Si je n'ai pas un accident, je mourrai quand tu seras haute comme ça. » Elle montre la taille d'une adulte.

Viva regarde sa grand-mère avec un regard un peu effrayé. Celle-ci monte le bras : « Alors haute comme ça ! » Regard dubitatif de Viva. La grand-mère monte encore le bras et dit : « Haute jusqu'au plafond !

– Alors ça va, je m'arrêterai de grandir avant. » Et Viva se remet à frotter ses dents énergiquement.

Des adultes échangent sur les choses de la vie : « Quand on a une bonne tasse de café et de l'amour, on n'a besoin de rien d'autre... » Théo et Julien, préadolescents de treize ans, qui sont présents, s'écrient ensemble : « Si, on a quand même besoin d'argent ! »

Alice, six ans, regarde sa grand-mère qui dans la salle de bain peigne ses cheveux : « C'est drôle, grand-mère, ta peau c'est comme de la pâte à pizza... »

Léo, cinq ans, écoute gravement sa tante lui dire : « Si tu es sage tu iras au paradis, si tu n'es pas sage tu iras en enfer... » Après un silence, Léonard demande : « Qu'est-ce que je dois être pour aller au cirque ? »

Ce que nous racontent les contes

Il existe des contes pour tous les âges, pour les petits et les grands et surtout pour ceux qui acceptent de prendre soin de l'enfant intérieur qui les habite encore.

Les contes nous racontent des histoires pour mieux entendre et comprendre quelques-uns des non-dits de notre propre histoire. Je crois qu'ils remplissent une fonction symbolique importante pour nous permettre d'accéder à ce qui, sans la médiation du message porté par le conte, resterait prisonnier de l'indicible.

Il y a bien sûr ce que nous racontent les contes, mais il y a surtout ce qu'ils nous disent, ce qu'ils rejoignent en chacun, ce qu'ils nous font découvrir sans que nous le sachions nécessairement, déposant au plus près de notre conscience des signes et des indices pour nous inviter à plus ou moins longue échéance à entendre l'essentiel.

Les contes posent des jalons, implantent des repères entre des interrogations jusque-là sans réponse. Ils permettent d'établir des passerelles entre des contradictions qui pouvaient nous apparaître insurmontables. Ils nous aident à soulever le voile de quelques-uns des mystères de la vie des adultes qui entourent un enfant, et surtout, surtout ils agrandissent notre imaginaire parfois jusqu'à l'infini. Les contes contribuent à établir des reliances, c'est-à-dire des passages, des liens entre différents événements de notre enfance (ou de celle de nos parents), entre des faits qui sans cela resteraient séparés, chaotiques ou incompréhensibles.

Au-delà de la fin attendue du « Ils se marièrent et eurent beaucoup d'enfants », les héros, après avoir affronté une succession d'épreuves, traversé tous les dangers, suscité nos peurs et stimulé nos espoirs, vont pouvoir entrer dans un réel plus apaisé, ce qui ne veut pas dire plus facile ! Les contes nous permettent, comme nous le fait découvrir Bruno Bettelheim, de passer « de l'immaturité à la maturité », d'une surdité normale, d'un aveuglement banal à une écoute plus fine, à un regard plus large et plus profond. Ils favorisent des réconciliations avec nos enfances secrètes, nos enfances multiples et morcelées.

Les contes ont des sources aux ramifications lointaines, qui viennent des profondeurs de l'inconscient collectif et vont ouvrir des portes sur l'inconscient de chacun.

Les contes sont un outil pédagogique quasi magique. Magique dans le sens où ils vont conduire l'enfant (ou l'ex-enfant qu'est l'adulte) à entendre, au-delà des mots, les murmures et les tempêtes engendrés par des conflits, des déchirements entre des sentiments positifs et négatifs. Ils vont ménager des passages pour sortir de la victimisation, ainsi que du poids des incompréhensions qui parfois entourent le comportement ou les paroles des parents ou des proches. Ils permettent de recréer, dans l'imaginaire, des recompositions familiales, des positionnements inattendus entre les différents membres d'une fratrie, d'une parentèle proche ou éloignée, ils peuvent susciter des renversements de rôle. Ils aident chacun de nous à réveiller ses ressources, à se doter de pouvoirs nouveaux en puisant dans l'immense réservoir de ses possibles. Ils nous font mieux percevoir que derrière toute peur il y a des désirs et ils nous poussent à nous affranchir des impuissances et des souffrances provoquées par les injustices de la réalité. Ils sont des activateurs de résilience qui vont nous permettre de nous réapproprier un pouvoir de vie sur notre propre existence.

Les contes, au-delà de leur pouvoir thérapeutique, peuvent enrichir nos connaissances, et nous aider à accéder à plus de co-naissance. Alors n'hésitez pas, lisez, racontez des contes à vos enfants et aussi aux adultes que vous appréciez, à ceux qui vous entourent de leur regard bienveillant.

Choisir la Vie

De tous les choix possibles
qui jalonnent une existence,
un des plus importants est d'oser choisir la Vie.

De la choisir à chaque instant,
quelles que soient nos autres priorités,
de la choisir à plein temps et non à mi-temps.

De la choisir pour la protéger, la respecter et l'honorer
sous toutes les formes où elle se manifeste
en chacun.

De choisir d'agrandir cette parcelle de Vie
déposée dans notre existence
au moment de la conception,
afin d'offrir plus de vivance à tous ceux
que nous côtoyons
et que nous aimons.

Il appartient à tous, dans sa sphère d'influence,
de protéger, bien au-delà de la sienne,
toutes les formes de Vie,
d'en respecter toutes les manifestations
des plus infimes aux plus spectaculaires,
de façon à laisser au monde
et pourquoi pas à l'univers,
bien après notre disparition,
plus d'énergie, plus d'amour,
plus d'espérances et surtout plus de possibles !

Choisir la Vie suppose un véritable engagement.
Un engagement fait de lucidité, de cohérence
et de compassion,
un engagement qui demande aussi du courage.
Un courage intime,
présent dans tous nos comportements,
pour oser s'aimer, prendre le risque de se respecter
et accepter de se responsabiliser
dans chacune de nos paroles,
de nos actes et de nos engagements.

Choisir la Vie, quel beau cadeau à se faire,
et à proposer autour de soi,
quelle belle aventure à vivre !

Comment prévenir les risques psychosociaux

Cette prévention semble au cœur des préoccupations de beaucoup de responsables et d'équipes, que ce soit dans des entreprises privées ou publiques, dans de petites structures ou dans les grands corps de l'État.

Les passages à l'acte somatiques (recrudescence de dépressions, de burn-out, augmentation sensible des arrêts maladie, autoviolences, dépendances et addictions, suicides et accidents à répétition) non seulement déstabilisent le fonctionnement d'un service ou fragilisent le fonctionnement d'une institution, mais induisent des retentissements psychologiques et relationnels dans l'environnement proche ou moins proche de ceux qui vivent leur activité professionnelle comme stressante, agressante ou dévalorisante pour leur personne.

Une réponse préventive aux risques psychosociaux repose essentiellement sur deux actions possibles : en amont, la possibilité de favoriser des lieux et des temps pour permettre l'expression de chacun ; en aval, la possibilité d'un accompagnement suite à des signes d'alerte, à des manifestations récurrentes de malaise ou de mal-être, soit des temps de supervision, de coaching, de débriefing liés à une action susceptible de créer ou de réveiller des tensions ou du malaise.

Plusieurs étapes sont possibles.

Favoriser au début de chaque année l'élaboration d'une « charte de vie relationnelle »

Celle-ci comporterait des propositions concrètes pour pouvoir échanger, communiquer (mettre en commun) et partager à partir de quelques règles d'hygiène relationnelle (RHR) pour une équipe donnée.

Différentes expériences de ce type, mises en œuvre dans différentes entreprises, démontrent qu'il suffit de proposer aux membres d'une équipe de se mettre d'accord sur la mise en pratique de cinq règles d'hygiène relationnelle pour qu'un assainissement des relations interpersonnelles, fonctionnelles et hiérarchiques soit perceptible. Cinq RHR telles que :

• Ne pas parler sur l'autre mais à l'autre (remplacer les messages TU par des messages JE).

• Respecter la communication directe (je parle de moi et non sur un autre) et donc témoigner à partir de son vécu.

• Ne pas confondre la mise en mots et la mise en cause (si je dis comment j'ai vécu telle ou telle situation, je n'accuse pas l'autre, je partage mon ressenti et je le porte à la connaissance de mon interlocuteur).

• Ne pas confondre les sentiments et la relation (je

peux avoir des sentiments positifs à l'égard d'un collègue et mal supporter certaines de ses attitudes ou comportements).

• Prendre conscience que l'on est toujours trois dans un échange : moi, l'autre et la relation. Que cette relation a deux bouts, et donc que chacun des protagonistes est responsable de son bout de la relation. Ce qui donne lieu à une multitude de prises de conscience :

– Je suis responsable de ce que je dis, l'autre est responsable de ce qu'il entend. Il se comporte en fonction de ce qu'il a entendu et non en fonction de ce que j'ai dit. Idem pour moi. Ce qui m'invitera à vérifier comment l'autre a entendu ce que je viens de dire.

– Je ne dois pas confondre la personne qui me parle avec son comportement. Ce qui me permet de me positionner ainsi : « Ce n'est pas toi que je mets en cause, c'est ce que tu as fait, pas fait, dit ou pas dit. »

– Comme les mots ne sont pas la chose, j'invite celui qui me parle à en dire plus sur son ressenti (le ressenti est rarement pris en compte, c'est la partie aveugle de la communication).

Créer des lieux et des temps pour favoriser l'expression, pour permettre de passer des non-dits au dire

S'exprimer suppose avoir la liberté de se dire et d'être entendu non seulement au niveau des faits (que s'est-il passé, où, quand, comment, avec qui ?) mais aussi du ressenti immédiat (ce qui est touché dans la personne) et surtout du retentissement (ce qui est réveillé, mis au jour, restimulé par tel ou tel événement, parole, comportement d'un collègue ou d'un supérieur).

Former des personnes susceptibles d'animer ces temps et ces lieux

Ces temps et ces lieux seront l'occasion de reformuler, de clarifier les principales règles d'hygiène relationnelle susceptibles de favoriser des échanges en réciprocité.

N'oublions pas que le silence des mots réveille trop souvent la violence des maux!

Courir ? Mais après quoi ?

Tout petit, on court. Déjà dans le ventre de la mère, certains s'agitent beaucoup et font plusieurs fois le tour complet de ce territoire immense (tout au moins au début), puis de plus en plus étroit et limité. Ensuite, on va courir après un jouet, une balle, après son chien ou son chat. On court très souvent après tout ce que l'on rencontre, mais déjà après l'inaccessible.

Les enfants apprennent à marcher en courant, en sautillant. Regardez dans la rue les petites filles : elles ne marchent pas, elles dansent. Au lieu de la question rituelle sur l'âge de la marche, ne devrait-on pas plutôt demander aux parents : « À quel âge a-t-il commencé à courir ? »

Cette femme, me parlant de son mari, m'a dit : « Il a commencé à courir très tôt et il continue, surtout après les dames ! » En courant, chacun s'exerce déjà, sans s'en douter, à ce qui sera un des modèles de sa vie future.

Les enfants courent, du matin au soir, de la cave au grenier, dans tous les endroits de la maison, même les moins accessibles. Ils sont partout à la fois, comme s'ils se démultipliaient ou avaient le don d'ubiquité ! Ils courent aussi dans les magasins, dans la rue, intrépides, inconscients et infatigables…

Ensuite, même s'ils ne courent pas beaucoup pour se lever, se laver ou s'habiller, ils recommencent sur le chemin de l'école, pour rejoindre un copain ou une copine, dans la cour de récréation, ils courent pour aller jouer, pour rejoindre un ami, mais ne courent pas trop vite pour prendre leur douche ou se coucher ! Ils courent quand même un peu le mercredi, officiellement jour de congé consacré aux évasions, mais destiné aux activités anticipées par les parents, pour éviter de donner une trop grande place à tante oisiveté, tonton rêve, ou à la cousine passivité (parentèle considérée comme dangereuse). Ce jour-là, il y a la gym, le judo, le karaté, le cheval, la boxe française, la danse moderne, le dentiste, l'orthopédiste, le saxo et la chorale ! Les parents sont sur les dents. Les enfants sont fatigués, la soirée est tendue. Les autres jours s'organisent et se planifient par rapport à l'anxiété des parents, peu à l'écoute des besoins réels de leurs rejetons. Parents qui pensent qu'il faut prévoir et donc accumuler des expériences ou des centres d'intérêt : « Tu fais tout ça pour commencer, et après tu choisiras. » Cela coûte beaucoup en termes de temps et d'argent, mais c'est le prix à payer pour rassurer les parents et les déculpabiliser de trop travailler, d'être trop souvent absents !

Cinq heures de piano par jour, c'est un minimum si on veut devenir un pianiste passable. De la gym à outrance au risque de détruire son squelette, mais c'est un minimum pour décrocher un premier prix régional, et avoir peut-être un jour un champion olympique dans la famille.

Pas le temps de souffler…

Puis arrive le temps de la vie active, comme si on n'avait rien fait avant ! On a travaillé dur ou a minima pour ses études, on a couru après une chambre, après une bonne école, après des diplômes, après un vrai job ! Encore heureux si on en a trouvé un, même à durée déterminée ! Après c'est la course pour éviter, contourner les embouteillages, pour affronter l'incertitude des horaires de train, de métro, de bus, pour arriver au boulot éreinté, sinon épuisé. Sans compter la demi-heure quotidienne où l'on devrait faire du jogging, des abdominaux (une rêverie qui permet de supporter l'immobilité dans les embouteillages).

On arrive quand même au boulot en nage, des auréoles sous les bras, et déjà crevé, et c'est le jour où notre responsable direct nous convoque pour nous parler de notre rendement. On a passé une nuit blanche, à cause de la dent du petit dernier, mais il faut savoir affronter les épreuves décidées par les entités anonymes d'une multinationale certes sourde à nos attentes mais non aveugle sur notre rentabilité.

Beaucoup courent bien sûr après l'argent, les échelons, les promotions, les augmentations, d'autres courent après les honneurs, la notoriété, les médailles et les cocktails en ville, tout dépend des leurres qui les habitent.

Côté cœur, tripes et esprit, toute sa vie on court après une femme, un homme, une amante ou plusieurs, si l'on est bien organisé. On court souvent après le grand amour, ou tout bêtement après la fille (ou le garçon) qui vient de nous quitter et qui ne veut pas de nous, ce qui nous fait accélérer la cadence pour la (le) rejoindre malgré tout !

On court après le bonheur, sans jamais le rattraper, tout en pressentant qu'il est parfois tout près, très proche et pas toujours accessible !

Devant la pendule du temps, on est presque toujours égaux, mais certains arrivent à la mi-vie très, très fatigués. D'autres vont anticiper, ralentir le pas, économiser l'urgence, mais pas nécessairement les bouillonnements qui tourbillonnent dans leur tête.

Hier, au square, j'ai croisé cinq messieurs et dames moyennement âgés. En pleine journée, ils étaient assis là, à l'ombre fraîche d'un platane, et conversaient paisiblement en regardant les gens courir et se presser. Je n'en croyais pas mes yeux. J'ai demandé : « Et vous, vous ne courez pas ? » Ils m'ont répondu : « On a couru toute notre vie, en pensant que le bonheur était devant nous. Maintenant, on sait qu'il est le plus souvent en nous, alors on s'est créé un petit espace de bonheur à partager, pour l'agrandir un peu. Alors pourquoi courir encore ? »

Je me suis assis près d'eux. J'ai bousculé mon emploi du temps, juste pour voir ce que cela faisait de se poser quelques instants dans un moment de bonheur partagé. M'arrêter comme ça, sans véritable raison, et en plein milieu de la journée, cela me faisait tout drôle, je me sentais mal à l'aise, presque gêné, coupable. Puis je me suis laissé emporter par l'histoire de chacun, leur humour et la douceur de ne rien faire. J'avais enfin l'impression de vivre un moment de vraie vie, seulement en écoutant leurs souvenirs avec patience, intérêt et bienveillance. Des souvenirs d'une époque où le rapport au temps était si différent d'aujourd'hui !

Je les ai remerciés et suis reparti d'un pas tranquille, mesuré, sans me presser. Sans non plus me culpabiliser, sans penser à tout ce qui me restait à faire. Et pour la première fois depuis bien longtemps, je me suis senti soulagé, déstressé, j'avais le sentiment, en me posant quelques instants parmi eux, d'avoir « perdu » intelligemment mon temps !

Je crois que je vais plus souvent prendre le temps d'écouter les bonheurs qui sont en moi.

Quelques regrets en fin d'existence

Il est fréquent d'entendre s'exprimer, à la fin de leur existence, des femmes ou des hommes qui disent, en termes de regrets, quelques rêves inaccomplis, quelques actions non réalisées ou quelques engagements erronés qui les ont accompagnés toute leur vie. Bronnie Ware, une infirmière australienne, a relevé les cinq grands regrets qui taraudent le plus souvent les personnes qui se rapprochent de l'ultime passage vers l'au-delà.

« J'aurais aimé avoir le courage de vivre ma vie comme je l'entendais, et non la vie que les autres avaient programmée ou voulaient pour moi »

C'est le regret le plus courant. Quand les gens réalisent que leur existence touche à sa fin, ils ont un regard plus clairvoyant sur leur passé, et découvrent alors combien de rêves ils n'ont finalement pas pu réaliser. C'est le cas de beaucoup d'entre nous, de n'avoir pas su ou pu accomplir la moitié de nos rêves. Et pressentir que nous risquons de mourir en sachant que nous avons fait trop souvent des choix de vie pour les autres, pour faire plaisir, pour obéir à des injonctions, des choix très éloignés de notre propre sensibilité et du respect profond envers nous-mêmes.

« J'aurais aimé ne pas m'acharner autant dans le travail »

Ce regret est exprimé par beaucoup d'hommes. Certains regrettent de ne pas avoir été, durant la jeunesse, plus près, plus proches de leurs enfants ou de leur épouse. Quelques femmes aussi, partagées entre des désirs contradictoires et parfois conflictuels à l'intérieur d'elles-mêmes, regrettent de n'avoir pas su toujours concilier et harmoniser les différents rôles de leur existence : rôles de femme, d'épouse, de maman, de mère, de professionnelle, fonctions sociales, engagements associatifs ou politiques dont elles se sont senties souvent exclues.

« J'aurais aimé avoir le courage de dire mes sentiments réels »

Beaucoup de gens expriment avoir tu leurs sentiments réels afin d'éviter des rejets ou des conflits avec les autres, avec des proches surtout. Ils ressentent qu'ils se sont installés dans une existence trop formatée, banale, voire médiocre, sans avoir jamais pu devenir ce qu'ils auraient pu être. En relation avec cela, beaucoup d'entre eux ont développé des somatisations liées à des conflits intrapersonnels, à une accumulation importante d'amertumes, de déceptions, de frustrations et surtout de ressentiments.

«J'aurais aimé rester en contact avec mes amis»

Beaucoup réalisent avec émotion qu'ils ont laissé se perdre, s'étioler des relations essentielles, de qualité, liées à des amitiés fortes de leur enfance ou de leur jeunesse. Quand ils s'en rendent compte, il est souvent trop tard pour retrouver leur trace, mais certains commencent parfois à se réconcilier avec leur passé et peuvent dès lors retrouver des ancrages forts.

«J'aurais aimé m'autoriser à être plus heureux(se)»

C'est un regret étrangement récurrent, chez certains, qui ne se sont pas rendu compte durant leur vie active que la joie, le plaisir, l'émerveillement et l'étonnement sont des choix possibles. Ils sont restés rivés à leurs comportements habituels et leurs habitudes. Ils ont privilégié la sécurité, le confort. La répétition monotone des jours a souvent éteint leurs émotions, leur créativité et même anesthésié leur vie physique. La peur du changement leur a fait prétendre qu'ils étaient heureux, satisfaits ou comblés par leur existence, alors qu'une partie de leur être aspirait à plus de liberté, de joyeuseté et de plaisir d'être.

J'aurais envie d'ajouter un sixième regret, qui aurait

pu être le mien si je n'avais, il y a deux décennies, pris un engagement envers ma vie. Ce regret que l'on peut avoir, c'est celui de n'avoir pas su prendre plus tôt en charge la responsabilité de la Vie qui est en chacun de nous, prendre en charge dans tous les actes de notre existence cette parcelle de Vie reçue en dépôt au moment de notre conception. Celui de découvrir tardivement que la Vie a des besoins relationnels spécifiques, liés à son propre épanouissement : besoin de se dire et d'être entendu, besoin d'être reconnu et valorisé, besoin d'intimité, besoin de créer et de rêver. Et que notre santé, un de nos biens les plus précieux, va dépendre de la façon dont nous avons, ou non, respecté, honoré et aimé la Vie qui est en nous.

La prise en compte de ces quelques remarques peut nous inciter à découvrir qu'il est toujours possible de se réparer, un peu, beaucoup, ou plus encore, dans chacun des âges de notre existence, sans attendre le dernier moment, celui où nous sommes le plus fragiles, le plus vulnérables, juste avant de quitter ce monde, pour pouvoir se respecter et être fidèle à soi-même.

Dire bonjour, une coutume qui se perd

> « C'est l'attention à l'autre qui fait circuler plus vite l'énergie de la vie. »
>
> Christiane Singer

C'est non seulement une coutume qui se perd, mais c'est surtout un cadeau que nous n'offrons plus à l'imprévisible de l'existence. C'est une privation que nous nous infligeons à nous-mêmes en se privant de rencontrer l'autre, d'amorcer un partage.

Encore aujourd'hui, à la campagne, lorsque nous croisons un inconnu, il nous arrive de saluer d'un mouvement léger de tête, de dire bonjour et parfois même de nous arrêter pour bavarder, échanger quelques mots, partager l'instant d'une rencontre et parfois lier connaissance. En ville, cela ne se fait plus, cela semble inutile ou impossible : « Il y a tant d'inconnus, ne perdons pas de temps », « Il y a tellement de monde et nous sommes si pressés ». Si bien que depuis quelques décennies, cette coutume a disparu, ce réflexe s'est altéré, il ne fait plus partie de ce que j'appelle nos « antennes sociales ».

Nous avons oublié qu'il est possible de dire bonjour, d'aller au-delà d'un regard en prononçant ce petit mot. L'anonymat est quasi général, l'indifférence s'est installée à notre insu et parfois même une agressivité faite de méfiance voit le jour ! Nous ne savons plus saluer, adresser ce petit mouvement de tête qui montre que l'on prend en compte la présence de l'autre. On se côtoie avec prudence, avec réserve et parfois même avec un peu de peur au ventre. Les regards s'évitent, nous sommes devenus transparents et parfois invisibles.

Et pourtant, dire bonjour, c'est un début d'apprivoisement, c'est lancer l'amorce d'un partage, d'un lien possible. La meilleure façon de le faire, c'est de prendre le temps de le dire en regardant celui ou celle à qui cette invitation à « vivre un bon jour » s'adresse. Si vous ajoutez un sourire avec l'ouverture du cœur, vous semez un peu plus d'amour et de paix dans le monde. Vous changez parfois ainsi la qualité de la journée de votre interlocuteur et de la vôtre !

Dire bonjour, c'est originellement souhaiter (et non prédire) une journée belle et bonne. C'est offrir un clin d'œil bienveillant à un inconnu, comme un viatique pour supporter la journée qui s'annonce.

Il existe aussi des bonjours automatiques, en conserve, qui n'ont aucun goût, ni aucun effet. Ils s'accompagnent souvent d'une phrase stéréotypée, dévitalisée : « Comment allez-vous ? », censée s'enquérir de l'état de bien-être ou de la santé de l'autre. Celui-ci nous surprend, nous déstabilise et nous met dans la confusion s'il nous répond avec sincérité : « Je ne vais pas bien » ou : « Ça ne va pas du tout. »

Le pire bonjour me semble être celui que l'on nous adresse tête baissée ou en regardant ailleurs. S'il est accompagné d'une main molle et sans âme, alors notre journée risque d'être altérée et polluée pour plusieurs heures.

Oser dire bonjour, c'est saluer l'imprévisible de la vie.

Entre endormissement et insurrection des consciences

Un choix de vie est-il encore possible entre endormissement et insurrections de nos consciences ? Certains d'entre nous le croient ou s'évertuent à le croire. Ce qui n'est pas certain du tout. Car choisir c'est renoncer, et chez beaucoup, le choix sera difficile entre la tentation d'un réveil et celle d'un endormissement profond et pas du tout douloureux, ni trop chaotique, grâce à un béquillage pharmaceutique d'une redoutable efficacité, un endormissement normal pourrait-on dire, même s'il n'est pas naturel. Sortir d'un endormissement programmé pour libérer une insurrection des consciences suppose d'être sans cesse en éveil, à l'affût d'une défaillance dans la nécessaire recherche d'une cohérence pour garder le respect de soi.

Nos sociétés mondialisées favorisent et entretiennent, par de nombreux moyens, et avec une plus ou moins grande subtilité, non seulement l'endormissement mais aussi l'achat des consciences. Par la télévision en premier, le plus efficace des soporifiques pour niveler les consciences, par la radio qui prépare très tôt le matin leur éparpillement, par quelques magazines hebdomadaires qui n'arrivent pas à nous laisser éveillés durant le week-end et nous confirment régulièrement que, comme rien ne change, il n'y a pas lieu de rester très vigilant. Il y a aussi l'achat des consciences par la prolifération des jeux d'argent, des loteries, des paris, par des subventions versées à des municipalités pour qu'elles acceptent l'enfouissement de déchets toxiques, l'installation de dépôts dangereux.

L'insurrection des consciences prônée par Pierre Rabhi, homme rare, nous incite à une révolution intérieure à partir d'un travail sur soi afin de rester lucides, actifs et engagés. Insurrection qui commence par un réveil des consciences, pour nous maintenir en alerte afin de consommer plus sainement des produits locaux. Insurrection pour se responsabiliser vis-à-vis de nos besoins relationnels sans être dépendants d'addictions de plus en plus prégnantes pour satisfaire des pseudo-désirs, addictions elles-mêmes entretenues par tout un courant consumériste, aux nombreuses ramifications, qui irriguent notre vie intime ou nos loisirs.

Une insurrection qui stimule nos responsabilités comme consommateurs ou producteurs, qui ensemence la conscience des agriculteurs en les invitant à se libérer des contraintes toujours plus coercitives pour utiliser des semences formatées, conditionnées et aseptisées, imposées par les grandes firmes agro-alimentaires. Une révolution pour retrouver le goût d'une existence connectée à des modes de vie permettant de se réapproprier un pouvoir de décision dans chacun de nos comportements, dans chacune de nos décisions. L'insurrection des consciences va au-delà d'une saine indignation, va plus loin qu'une protestation argumentée, elle s'inscrit dans une action au quotidien vis-à-vis de nos engagements personnels, professionnels et citoyens.

La grande douleur de celui qui déçoit et l'immense douleur de celui qui est déçu

Provoquer, déclencher ou sentir de la déception chez ceux que nous aimons et dont nous voulons être aimés est, je crois, une des grandes douleurs de l'existence. Douleur qui témoigne de la présence en nous d'une blessure intime, liée à notre besoin non comblé de pouvoir être acceptés, reconnus, valorisés par notre environnement proche. Mais il y a aussi la douleur, qui n'est pas moindre, de la personne déçue, douleur augmentée des accusations, des regrets, des remises en cause dont elle peut s'affliger.

« Mon frère aujourd'hui disparu était un enfant si beau, si exceptionnel que je sentais vibrer une déception chez ma mère chaque fois qu'elle me regardait ! J'aurais tellement voulu mourir à la place de ce frère pour enlever cette peine à ma mère », « Quand mon père posait les yeux sur moi, je ressentais toute la tristesse qui l'envahissait que je ne sois pas, que je ne puisse pas ressembler à l'enfant dont il avait tant rêvé ! Je n'étais qu'une fille, un peu trop fragile, et il portait dans son cœur l'image d'un garçon fort et viril », « Je sentais que mon mari me regardait souvent à la dérobée et quand je posais mon regard sur lui, je lisais dans ses yeux fuyants un désespoir inouï. Je savais qu'il ne voyait pas en moi la femme belle, sociable, intelligente, raffinée qu'il aurait aimé présenter à sa famille et surtout au monde entier. Je percevais aussi une immense colère rentrée contre lui-même et cette question terrible : "Pourquoi ai-je fait cette erreur terrible d'épouser cette femme-là ?" »

La déception que nous pouvons déclencher n'est pas toujours liée à ce que nous sommes, à ce que nous avons fait ou pas fait. Elle est essentiellement liée à l'imaginaire de l'autre, à ce qu'il attend de nous. Une attente qui vient souvent de loin, bien avant la rencontre, et qu'il porte en lui profondément ancrée, avec en plus un désir, une avidité tenace de la combler ! « Je ne pouvais m'empêcher de comparer mon mari à tous les hommes que je rencontrais et qui avaient tous quelque chose de plus, de différent, de mieux que le mien. Quelque chose qui manquait à mon mari et que je cherchais ailleurs, sans jamais le trouver ! » témoignait une femme.

Cela devrait nous interroger sur nos attirances et nos choix, sur la fiabilité de nos promesses et de nos engagements. Nous inviter à être plus lucides sur quelques-unes des contradictions présentes dans nos attentes, sur les leurres à venir autour de nos espérances, quand nous proposons une relation, sur les enjeux secrets de certains désirs, quand nous les transformons en projets, sur nos errances et doutes, quand nous avons procréé et permis la venue au monde d'un enfant.

Quels sont les signaux envoyés et reçus, visibles et

invisibles qui vont sceller une rencontre, qui peut se révéler satisfaisante sur certains aspects et décevante ou frustrante sur beaucoup d'autres ? Ainsi cet homme qui, au mitan de sa vie, faisait le point, avec beaucoup de lucidité, sur ses difficultés à s'engager dans la durée avec une femme : « Je déçois toutes celles qui ont accepté une relation intime avec moi, car très rapidement je vais pointer ce qui leur manque, ce qu'elles n'ont pas, et dévaloriser ce faisant tout ce qu'elles offrent. Je ne peux m'empêcher de penser, d'imaginer que je me suis trompé, que celle que je vais rencontrer par la suite sera la "bonne", la "parfaite", celle qui me comblera réellement. Alors, chaque fois, je me précipite ailleurs, je pars à la conquête d'une autre, je suis d'une ténacité incroyable pour convaincre ma nouvelle partenaire que je suis celui qu'elle attend, alors que je pressens déjà qu'elle n'est pas celle qui me conviendra. À partir de là, je construis des scénarios sur ce que l'autre devrait être, sur ce qu'il n'est pas, sur les réparations possibles de ma souffrance. Je vais ainsi d'échec en échec, dont je fais porter la responsabilité le plus souvent à l'autre, espérant chaque fois que je ne serai pas trompé par les apparences, alors que je sais tout au fond de moi que j'ai besoin de me tromper, pour pouvoir recommencer ! »

Quand certains construisent leur quotidien sur une telle recherche de la déception et que d'autres se laissent embarquer dans l'inépuisable rôle consistant à décevoir, l'existence se révèle être une aventure douloureuse à temps plein !

La question « pourquoi ? »

Les enfants sont d'insatiables questionneurs. Ils ne posent peut-être pas toutes les questions qui les habitent ou qui naviguent dans leur tête, mais ils en posent beaucoup ! À tout instant, dans les moments les plus inattendus et surtout le soir, dans leur lit, avec la couette jusque sous le nez, la bouche cachée, ils peuvent chuchoter : « Dis, maman, pourquoi papa il ne m'aime pas ? » ou : « Pourquoi mamie elle dit toujours : "Oh celui-là, on ne sait pas d'où il vient avec ces cheveux noirs" ? »

Mais les questions les plus importantes commencent toujours par un « pourquoi ? ». Ces « pourquoi ? » surprennent les adultes surtout par l'immense espace de réponses possibles qu'ils ouvrent soudain en eux : « Pourquoi la lune tient toute seule dans le ciel ? », « Pourquoi nous vieillissons ? », « Pourquoi nous tombons malades ? », « Pourquoi papa dit toujours qu'il déteste son père ? », « Pourquoi c'est ma sœur qui est morte et pas moi ? », « Pourquoi la maîtresse se fâche quand je dis que je ne sais pas ? » Nous pressentons plus ou moins confusément que ce n'est pas une recherche d'information ou l'acquisition d'un savoir nouveau qui motive chaque question, et cependant, le plus souvent, nous adultes essayons de répondre avec notre savoir et pas toujours avec notre ressenti.

Si nous pouvions entendre que derrière toute question il y a une interrogation, nous sentirions que chacun de ces questionnements est porteur d'attentes plus importantes que la question et donc nous fournirions des réponses plus adaptées. Et même si nous pressentons que certaines nous dépassent, cela limiterait notre empressement à donner des réponses qui ne servent parfois qu'à colmater notre propre gêne ou masquer notre insuffisance.

Et puis il y a souvent ce retournement de situation déclenché par des adultes qui posent des questions, souvent accusatrices, face à la découverte d'un comportement ou devant le constat d'une conduite de l'enfant qui les perturbe : « Pourquoi tu ne me l'as pas dit avant ? », « Pourquoi tu as fait ça ? », « Pourquoi tu m'as menti ? », « Pourquoi tu restes silencieux ? », « Pourquoi tu ne veux pas répondre à mes questions ? », « Mais pourquoi tu détestes ton frère ? »

Il arrive aussi qu'à travers le « pourquoi ? » d'un adulte il y ait l'attente d'une réponse qu'il souhaite, ce qui bloque la réponse possible de l'enfant : « Pourquoi tu ne tires jamais la chasse d'eau, je te l'ai dit pourtant cent fois, c'est gênant pour ceux qui viennent après toi », « Pourquoi tu mords toujours ta sœur, elle est pourtant très gentille avec toi », « Pourquoi tu n'écoutes jamais ce qu'on te dit, on dirait que tu prends plaisir à faire de la peine à ta mère ! »

La question « pourquoi ? » est la plus redoutable des questions, car elle est insatiable, porteuse d'une voracité désespérante, jamais satisfaite. Aucune réponse ne peut la nourrir suffisamment ou la combler. Aucune réponse n'est satisfaisante car celui ou celle qui la pose a souvent déjà en lui d'innombrables réponses dont il voudrait avoir la confirmation et qu'il souhaiterait dans le même temps nier !

Il vaudrait mieux inviter le questionneur à énoncer les réponses qu'il porte en lui, pour tenter d'aller plus loin et créer ainsi un temps de partage.

Les bonnes nouvelles du jour

Comme tous ceux qui possèdent la télévision, chaque jour, deux ou trois fois par jour si je le souhaite, mais particulièrement le soir, j'ai la possibilité, avec le journal télévisé, d'accéder parfois en direct au déroulement des dernières turpitudes et vicissitudes du monde. Un enfant de quatre mois qui a été volé dans la voiture de ses parents laissée quelques instants sans surveillance, avec la clé de contact dessus... Un homme qui, refusant le jugement de divorce qui confiait ses trois enfants à son ex-femme, les enlève et se donne la mort après les avoir tués dans leur sommeil... Un journaliste pris en otage par des extrémistes et qui après un mois de vaines tractations est retrouvé décapité... Une jeune femme qui sera lapidée après la découverte de son adultère... Douze personnes âgées qui meurent asphyxiées dans l'incendie d'une maison de retraite... Deux jeunes filles de seize ans qui depuis deux ans servaient de bonnes à tout faire chez des diplomates en poste à Paris, sans avoir de congés, sans être payées, séquestrées par leur employeur qui les utilisent comme des esclaves... Des inondations, des cyclones, des tremblements de terre, des feux de forêt, des prisonniers se révoltant dans un centre pénitentiaire pour avoir un minimum de respect… Autant de moments de vie appartenant à d'autres, mais qui me semblent soudain très proches.

J'arrête pour aujourd'hui, j'essaie d'oublier, de rejeter dans l'ombre quelques-unes des violences du monde, de m'éloigner des guerres, des famines, des enlèvements, des tortures, des inquisitions qui sont le lot d'une journée banale dans certaines parties du monde.

Lorsque je reçois, sans me protéger, ce lot d'informations toxiques, je sens que cela pèse sur moi, me pollue, me dévitalise. Je peux essayer de me défendre en pratiquant quelques commentaires indignés, ou me dérober en ressassant critiques, analyses ou bien en déviant sur la lâcheté, l'opportunisme, le manque de clairvoyance des gouvernants, des institutions, ou encore me réfugier dans le confort de mes utopies habituelles : « Si on enseignait un jour la communication relationnelle non violente à l'école, tout cela n'arriverait pas. Pourquoi les enseignants et les parents ne descendent-ils pas dans la rue en manifestant pour ce projet ? », « Comment nos gouvernants ne comprennent-ils pas que la violence visible est un langage ? » Un langage comme une réponse réactionnelle, inadaptée, injuste, insupportable pour dire quand même la détresse, la peur, les humiliations passées ou présentes, pour tenter de crier l'insupportable, pour dire l'indicible. Tout cela se crie actuellement dans différentes parties du monde ou tout près de chez nous.

Mais nous pourrions aussi exprimer nos plaisirs, nos

étonnements, nos découvertes, nos partages magiques, nos enthousiasmes, nos projets pour une vie meilleure. Je peux donc imaginer qu'il serait également possible de donner à la télévision des informations sur tout ce qui se passe de positif dans le monde. De montrer que dans telle famille le repas du soir s'est déroulé sans conflit, sans dérapage ni outrance… Que tel enfant a vécu une journée d'école vivante, stimulante pour lui, que tel autre a pu aider un copain en difficulté… Il serait possible de recenser, de mettre en valeur telle décision prise par un État, un gouvernement, tel aménagement social par une entreprise, telle concertation pour dépasser une crise, tel comportement positif, telle réalisation pour permettre à un projet de voir le jour…

Oui, je crois qu'il serait possible de rechercher, de glaner, de recueillir, de mettre en avant des faits, des événements, des conduites qui nous montreraient que l'homme n'est pas seulement un prédateur, mais aussi un créateur de bonté, de beauté, un artisan plein de compétences pour proposer, entretenir, soutenir des actions visant au mieux-être. Quel dommage que nous sachions mal valoriser ou mettre en évidence tout le positif d'une vie, tout le merveilleux d'une existence, toute la convivialité contenue dans un partage…

Alors depuis quelque temps, devant ma télévision éteinte, certains soirs j'essaie de trouver, de rassembler, de visualiser tous les événements positifs de ma journée, pour inscrire en moi une trace vitalisante, plus énergétigène et pouvoir ainsi m'endormir avec le sentiment que la vie vaut quand même la peine d'être vécue.

Les premières fois

« Il ne faut jamais oublier les premières fois… », m'a dit une amie tout dernièrement.

La première fois que j'ai vu tomber la neige, c'était il y a longtemps, on m'avait hissé sur le rebord de la fenêtre et on m'a dit : « Tu vois, c'est comme des petites gouttes de lait qui tomberaient de ton biberon ! » J'ai voulu les attraper, mais le carreau de la vitre a fait barrage à mon nez ! Je me souviens d'avoir eu bien mal et de m'être retirée vivement en arrière. Je ne savais pas encore que la neige est froide. La vitre, elle, en tout cas, était glacée.

La première fois que j'ai vu Lucie, une cousine éloignée, j'ai eu très peur, je n'avais jamais vu auparavant de dame aux cheveux si blancs, elle avait la peau très brune et toute fripée, elle avait des rides un peu partout sur les joues et même de la barbe au menton. Maman a dit : « Mon chéri, embrasse ta gentille cousine. » Je n'ai pas pu, je me suis sauvé en courant dans ma chambre, et suis allé me réfugier sous mon lit. Je ne savais pas encore ce que c'est qu'être vieux.

La première fois que je suis allé à l'école, j'avais une

boule au ventre, mais j'ai ravalé mes larmes par fierté, et je suis rentré dans la classe en baissant la tête, pour que maman ne me voie pas pleurer. La maîtresse a dit : « Voici un petit nouveau, nous allons bien nous occuper de lui. » Mais sa remarque ne m'a pas complètement rassuré, je ne voulais surtout pas qu'on s'occupe de moi de trop près !

La première fois que je suis arrivé au sommet d'un grand pont, j'étais émerveillé, je me suis senti grandi tout à coup, en constatant que je pouvais ainsi dominer le monde de ma petite taille. J'ai aperçu la ville au loin et le clocher de l'église qui étincelait sous le soleil, je ne l'avais jamais vue en entier, j'ai eu soudain l'âme d'un bâtisseur de cathédrale, j'étais tout simplement fier de ce que je n'avais pas construit !

La première fois que j'ai ressenti de l'amour pour quelqu'un d'autre que ma famille, je me suis dit : « C'est chic si on peut aimer quelqu'un aussi fort que ses parents, ça pourra nous aider à les quitter plus tard sans trop souffrir ! »

La première fois que j'ai vu un mort, j'avais seize ans, ma tante de vingt-neuf ans venait de mourir. Quelqu'un a dit en la regardant : « Comme elle est belle ! » J'ai explosé en hurlant : « Elle n'est pas belle, elle est morte ! » C'est la plus violente douleur et la plus grande révolte que j'aie ressenties au cours de mon existence, à cause de sa jeunesse, sans doute, et surtout, je crois, à cause de la mienne. Après, on s'aguerrit, on s'habitue…

La première fois que j'ai vu naître un enfant, c'était ma fille aînée, je me suis dit : « Comment peut-on faire un petit être à la fois aussi minuscule et aussi fort et vigoureux ? » J'ai toujours été impressionné par les cris des bébés, et je place ce phénomène, avec les volcans, les tremblements de terre et les tsunamis, parmi les plus grands mystères et curiosités de la planète.

La première fois… Il y en a eu tant, depuis, des premières fois, et à l'âge auquel j'arrive, j'en ai encore tant à vivre, la vie n'est qu'une longue suite de premières fois, elle n'a pas fini de nous réserver ses bonnes ou ses moins bonnes surprises.

Je me sentirai vieux le jour où je dirai, à propos de tout ou de n'importe quoi : « Cette fois-ci, c'est bien la dernière fois… »

Une culture du lien

Par quoi, par qui, comment sommes-nous reliés d'abord à nous-mêmes, mais aussi aux autres et au monde ? À tous ceux qui sont importants pour chacun de nous et à ceux qui le sont moins ? Reliés à l'homme, à la femme que nous sommes sans cesse en évolution ? Par quoi, par qui, comment sommes-nous restés reliés à l'enfant, à l'adolescent, au jeune adulte que nous fûmes ?

Cet homme me disait : « Je me sens au cœur d'une quadruple alliance : avec moi-même par un lien intime, avec autrui par des liens sociaux et culturels, avec la nature qui m'entoure par des liens plus mouvants et avec la planète sur laquelle je vis par des liens symboliques, voire avec l'univers lointain et pourtant si présent par un lien (peut-être) cosmique qui me transcende. Sans oublier un lien vital : celui que j'ai avec la Vie qui a été déposée en moi au moment de ma conception. »

En l'écoutant je songeais à une interrogation qui prend de plus en plus de place dans mon existence : « Comment est-ce que je nourris, je protège, je vivifie au quotidien chacun de ces liens essentiels à mon existence ? » Ces liens, que je croyais tissés plus ou moins anarchiquement, j'ai découvert qu'ils ont tous un sens, une présence et des finalités multiples. J'ai depuis longtemps accepté que ces liens puissent être parfois énergétigènes et d'autres fois énergétivores, qu'ils représentent une source d'énergie plus ou moins positive qui va dynamiser ou parasiter ma façon d'être au monde et irriguer toutes mes relations, qu'ils sont en quelque sorte des canaux qui vont irriguer mon existence.

La notion de partage a pris également beaucoup d'importance ces dernières années, dans ma façon d'être comme ex-mari, écrivain, formateur, amant, père... Je sais que mes échanges, mes partages sont liés à ma capacité à donner et à recevoir, à la façon dont j'ose des demandes en prenant le risque de la réponse de l'autre. J'ai appris aussi à prendre soin d'une demande, quand elle n'est pas entendue, pour ne pas rester dans la frustration. J'ai une plus grande vigilance, une attention quasi permanente pour ne pas me laisser polluer par des messages toxiques et j'apprécie la liberté que je prends en pouvant dire non à des demandes qui ne correspondent pas à ma disponibilité.

Je me sens être de plus en plus un maillon vivant d'une chaîne de solidarité et d'amour qui me fait participer à une co-naissance permanente avec ceux qui m'entourent.

Je suis sur ce chemin et je ne suis pas le seul, des femmes et des hommes m'accompagnent, m'encouragent et m'ouvrent des chemins inespérés.

Je cultive et je prends soin de l'espérance, aussi

incertaine soit-elle. Ma grand-mère disait, après avoir certainement écouté Churchill : « Le pessimiste est celui qui voit des difficultés dans toute opportunité, l'optimiste est celui qui voit des possibles et des opportunités dans chaque difficulté. » Sur son conseil, j'ai appris à rester farouchement optimiste.

Vivre la communication sans violence au quotidien

Il y a chez beaucoup de femmes, d'hommes et d'enfants une aspiration profonde à pouvoir établir des relations harmonieuses et paisibles, des échanges et des partages sans malentendu, sans conflit, ni violence. Au-delà de ce souhait, de cette intention louable, surgit aussitôt la question des moyens à mettre en œuvre, des balises aidantes pour vivre justement des relations équilibrées avec ceux qui nous entourent : « Comment dans mon couple, avec mes enfants, au travail, dans le monde de l'école ou dans mon quartier ou village vais-je pouvoir établir ce type de communication ? »

La Méthode ESPERE®, que je propose maintenant depuis près de quarante-cinq ans, est susceptible d'apporter non seulement un éclairage, mais des outils concrets, des règles d'hygiène relationnelle accessibles à chacun et ainsi de baliser quelques chemins afin de donner à chacun des moyens pour développer, dans son quotidien, une communication dans laquelle puisse circuler le maximum de réciprocité.

Tout d'abord quelques outils de base :

- L'écharpe relationnelle, qui symbolisera la relation entre deux personnes. Relation dans laquelle pourront circuler (dans les deux sens) soit des messages positifs et dynamisants, soit des messages négatifs et déstructurants. Visualiser que toute relation a deux bouts permet de conscientiser que chacun des protagonistes est responsable de son bout : je suis responsable de ce que je dis, de ce que je fais, mais l'autre est responsable de ce qu'il entend et de ce qu'il fait avec ce qu'il entend. C'est l'ancrage de base pour pouvoir passer du réactionnel (qui nous guette à chaque instant, car notre réactivité peut être stimulée par un mot, un comportement, une conduite, une attitude que nous pouvons percevoir comme négative, voire toxique) au relationnel, en acceptant que l'autre se comporte en fonction de son ressenti, de son vécu par rapport à une situation donnée. Afin de pouvoir proposer du relationnel, nous pouvons utiliser la confirmation : « Oui, j'ai bien entendu comment tu as perçu cette situation », favoriser la confrontation et non l'affrontement, permettre la rencontre de deux points de vue qui peuvent être porteurs de différences, voire de divergences.
- La visualisation externe, qui s'appuie sur un objet (ce qui se présente à nous : une clé, une gomme, un crayon, un mouchoir...). Cela permet à l'autre de voir et donc de ne pas nous confondre avec le ressenti (positif ou négatif) que nous exprimons, de mieux percevoir le problème dont nous parlons en ne le

confondant pas avec la personne que nous sommes. Ce qui permet de ne pas se focaliser sur le problème mais de rester centré sur la personne qui le vit.

- La pratique de la symbolisation, qui donne à un objet un sens, afin d'éviter de rester dans l'abstraction en n'utilisant que des mots. Il est possible ainsi de montrer un sentiment toujours présent pour celui ou celle qui ne nous aime plus. De prendre soin d'un besoin non comblé, de prendre en charge un désir qui ne se réalise pas, de passer d'une relation mortifère à l'égard d'une maladie à une relation de bienveillance et de bientraitance envers cette maladie qui peut être entendue comme un langage!

De nombreux exemples pour l'utilisation de ces outils sont proposés dans les ouvrages *Pour ne plus vivre sur la planète Taire* et *Une vie à se dire**, que je vous invite à parcourir.

Quelques règles d'hygiène relationnelle sont également à respecter :

- Mieux conscientiser pour communiquer, c'est-à-dire mettre en commun, repose sur quatre démarches qui doivent être présentes chez chacun des protagonistes :
  – Demander, en prenant le risque de la réponse de l'autre (sinon c'est une exigence déguisée) ;
  – Donner, sans culpabilité, sans mettre l'autre en dette ;

* Respectivement chez Albin Michel, 2003, et Pocket, 2008.

– Recevoir, en accueillant, en amplifiant ce qui est bon pour nous, en laissant chez l'autre ce qui n'est pas bon pour nous (par exemple une dévalorisation, un jugement de valeur, des critiques centrées sur la personne que nous sommes et non sur ce que nous avons fait ou pas fait) ;
– Refuser, en étant capable de dire non, en précisant que notre refus ne vise pas à rejeter la personne qui nous parle, mais à ne pas satisfaire sa demande.

- Ne pas se limiter dans un échange à ce qui s'est passé (ou pas passé), c'est-à-dire ne pas rester centré sur les faits ou le factuel, mais essayer d'entendre le ressenti (ce qui a été touché, ce qui retentit chez l'autre ou chez soi). Dans des relations plus intimes avec des proches, il est possible d'entendre le retentissement (ce qui a été réveillé, a été blessé chez l'autre ou chez soi !).
- Apprendre à parler de soi à l'autre et non sur l'autre (ce qui revient à gérer son bout de la relation).
- Favoriser la communication directe en utilisant les messages JE (et non les messages TU, qui mettent l'autre en cause, qui le définissent).
- Ne pas rester dans la généralisation ou le flou avec des lieux communs ou des exemples en conserve, mais personnaliser, témoigner, s'appuyer sur son propre vécu. Témoigner de ses valeurs.

Mettre en application ces quelques règles d'hygiène relationnelle, qui sont au cœur même d'une communication sans violence, suppose de s'appuyer sur trois valeurs que l'on peut faire siennes :

- La tolérance, c'est-à-dire l'ouverture à l'accueil des différences.
- L'empathie, c'est-à-dire la capacité à se décentrer pour mieux entendre le vécu de l'autre sans nécessairement le faire sien ou s'identifier à lui. Cela veut dire aussi ne pas confondre la mise en mots et la mise en cause.
- L'implication, c'est-à-dire la capacité à se positionner, à témoigner de ses choix de vie, de ses valeurs, de ses croyances sans vouloir les imposer.

L'utilisation au quotidien, dans sa vie personnelle ou professionnelle, de l'un ou l'autre de ces outils, la mise en pratique de quelques-unes des règles d'hygiène relationnelle énoncées ci-dessus, tout cela complété par un positionnement clair de notre part sur le type d'échange, de partage et donc de relation que nous souhaitons avoir avec notre interlocuteur (conjoint, parents, enfants, amis, collègues de travail, personnes en position d'autorité...) devrait permettre de diminuer beaucoup les malentendus, les tensions et les conflits éventuels.

Nous sommes tous des êtres de relation, il nous appartient de proposer les relations les plus vivantes, les plus dynamisantes possibles à tous ceux, proches ou moins proches, qui irriguent, traversent ou perturbent notre existence.

Vivre une séparation sans se détruire

Quand dans un couple, dans une relation intime, l'un annonce à l'autre qu'il ne souhaite plus vivre ou poursuivre la relation avec lui, cela déclenche le plus souvent chez celui ou celle qui est quitté(e) un cataclysme.

Toute séparation non choisie ou imposée va réveiller chez la personne quittée des blessures très archaïques, rouvrir des cicatrices, la renvoyer à des situations douloureuses en réactivant des angoisses autour de l'abandon, en inscrivant des doutes et des dévalorisations autour de la non-estime de soi, et parfois mettre au jour tout un imaginaire persécutoire autour de la peur d'être confronté à la solitude : « Si l'autre me quitte, c'est que je ne vaux rien, que vais-je devenir ? »

« Si celui-là ou celle-ci me quitte, c'est que je ne mérite pas d'être aimé(e). »

Toute séparation non désirée violente l'image de soi, perturbe la confiance, diminue l'amour de soi.

Dans une première phase, celui ou celle qui est quitté(e) se pose sans cesse des questions sur l'autre. Des questions énergétivores qui vont l'épuiser : « Pourquoi fait-il (elle) cela ? Qu'est-ce que je lui ai fait ? », « Il (elle) a certainement trouvé quelqu'un de plus intéressant. Il (elle) m'avait pourtant affirmé qu'il (elle) m'aimait ».

La perspective d'une séparation non souhaitée est reçue comme une violence, une injustice, elle paraît incompréhensible à celui qui la vit comme un coup du sort.

Il faut se rappeler cependant que celui ou celle qui part le fait pour lui (elle). On renonce à une relation par rapport à son propre ressenti, à son malaise, à la perspective de nouveaux choix de vie. La décision de quitter un partenaire amoureux, sa femme ou son mari, ne se fait jamais sur un coup de tête : c'est le résultat d'un conflit intrapersonnel, d'une crise intense, même si elle a été larvée durant des années, pour laquelle l'un ne voit d'issue que dans un changement consistant à affirmer un autre choix de vie ou qui se traduit par une fuite.

Dans la phase active de la séparation, les discussions sur les modalités pour la garde des enfants, le partage des biens, la recherche d'un nouveau lieu de vie font remonter à la surface beaucoup de frustrations, de ressentiments et parfois des envies de faire mal, de blesser celui ou celle qui nous quitte et que nous aimons parfois encore. C'est à ce moment-là que réapparaissent les livres de comptes affectifs cachés, sur lesquels sont soigneusement notés d'un côté : « Tout ce que j'ai fait pour l'autre », et de l'autre : « Tout ce que l'autre n'a pas fait pour moi. »

Il peut être souhaitable de se faire accompagner, d'avoir un soutien psychologique pour être aidé à faire le deuil de la personne qui nous quitte, pour renoncer aux rêves de vie qu'on avait commencé à construire ensemble, pour protéger (et ne pas maltraiter) les sentiments forts qui subsistent encore... chez celui ou celle qui est quitté(e) !

Le plus terrible dans une séparation, c'est de ne plus pouvoir rêver ensemble. Cela s'inscrit en nous comme une nostalgie douloureuse qui apparaît comme sans issue.

Faire le deuil d'une perte ou d'une séparation imposée, ce sera retrouver sa position de sujet, redevenir un être décisionnel pour ce qui concerne nos choix de vie.

Quand nous sommes quittés, celui qui nous quitte reste un sujet à ses propres yeux. Un sujet qui nous transforme symboliquement en objet. Il conviendra plus tard, pour celui ou celle qui est quitté(e), de se réapproprier la position de sujet, en témoignant à l'autre : « Aujourd'hui, c'est moi qui te quitte. Cela veut dire que même si tu souhaitais reprendre la relation qui a été la nôtre, je ne reviendrais pas. » Ce positionnement est vital, car il contient un potentiel d'autoguérison très important.

Mais se séparer peut déboucher sur une nouvelle naissance, qui va nous permettre de réinventer notre existence plus en accord avec l'homme ou la femme que l'on est aujourd'hui devenu(e).

Ma relation au temps

Le dire tout de suite, ma relation au temps devient de plus en plus ambiguë ou du moins versatile et changeante. Elle ne cesse de fluctuer entre passivité et ouverture, entre activisme et laisser-faire, entre effervescence et quiétude ou bienveillance. Ce que je sais, c'est que je cours après le temps, je n'ai pas le temps de tout faire, et ce que je fais, je le fais souvent trop vite et pourtant je fais plusieurs choses en même temps !

« Il y a un âge où on ne rencontre plus la vie mais le temps. On cesse de voir la vie vivre. On voit le temps qui est en train de dévorer la vie toute crue », écrit Pascal Quignard. Je suis à l'âge où j'ai encore en moi le goût ardent de la Vie et où, à chaque instant, je sais et surtout je sens que le temps s'accélère ou peut rétrécir, devenir parfois si fluide qu'il échappe même à mes rêves et d'autres fois si dense qu'il immobilise l'espace pour s'y blottir tout entier et quasiment m'expulser. Je suis dans cette période de ma vie où il me semble vital de ne plus gaspiller une seule seconde, ni la parcelle la plus infime soit-elle de mon temps. Je ne peux enfermer le temps, ni le garder, ni l'économiser, mais je peux au moins tenter de le vivre à temps plein, en explorer tous les possibles, en goûter tous les instants.

Et en même temps, je découvre que ce n'est pas le temps donné à une rencontre par exemple ou à un projet qui est le plus important, c'est la façon dont nous allons l'utiliser, le nourrir et vivifier ainsi la rencontre elle-même ou la réalisation de ce projet. Que le plus important à vivre est dans ce qui va se dire, se partager, se découvrir dans l'espace d'un échange, surtout quand c'est un échange intime et précieux. Le plaisir de son anticipation fébrile ou sereine, la chaleur de l'accueil, la ferveur des regards, l'impatience des mains, la vitalité de la présence, l'émerveillement des partages, c'est tout cela qui va donner du goût, du plaisir et de la valeur au temps vécu ensemble. Et puis bien sûr, les traces en nous du souvenir, le ferment engrangé pour de prochaines retrouvailles ou la nostalgie émue d'être passé à côté de l'essentiel, trop loin de la vie justement. Gardons-nous aussi de maltraiter nos souvenirs, même et surtout quand une relation est terminée. Nos souvenirs sont le terreau sur lequel va se construire un peu et parfois beaucoup de notre devenir.

Le temps est mutin, extensible, fluide ou lourd suivant la façon dont nous sommes présents au présent, entiers dans l'instant. Que ce soit dans la relation avec autrui où il me paraît important de ne pas alourdir ou polluer le temps d'un partage par des communications vaines, artificielles, redondantes ou stériles, ou dans la relation avec soi-même où le temps me redevient plus précieux, chaque fois que dans l'après-coup j'ai conscience que j'ai perdu un peu de ma vie (par exemple, en regardant un film inepte à la télévision, en me laissant embarquer dans une soirée nulle, en prolongeant des discussions insipides). Je m'en veux alors d'avoir gaspillé ma vie et, le soir dans mon lit, il m'arrive d'en rassembler les morceaux, d'en extraire le bon et le doux pour pouvoir m'endormir plus apaisé.

Le temps est devenu ma grande affaire, je lui accorde plus d'attention, de soin, d'intérêt, en un mot : plus de temps.

Oui, j'ai encore quelques certitudes

Dans ma jeunesse et jusqu'à l'aube de ma vie d'adulte, j'avais beaucoup de certitudes et cela dans la plupart des grands domaines de la vie.

Certitudes magiques de mon enfance, quand j'avançais sur le chemin de l'école, marchant sur le bord extrême du trottoir et que j'étais persuadé que si je ne marchais pas sur les traits horizontaux, je ne serais pas interrogé en calcul (mon point faible !). Quand je croyais que si je laissais la fenêtre ouverte sur l'inconnu de la nuit, faisant ainsi la preuve de mon courage, la petite Marion dont j'étais follement amoureux s'intéresserait plus à moi qu'à mon rival qui était blond et si gentil avec elle ! Jeune adulte, j'avançais confiant en m'appuyant sur des certitudes que je croyais éternelles. J'étais persuadé que ces certitudes, assimilées à des vérités intangibles, inattaquables, immortelles, ne pouvaient se dérober sous moi ou disparaître. Elles étaient comme des ancrages, des balises d'une solidité à toute épreuve. J'avais la certitude que la jeune fille de mes dix-huit ans m'aimerait toujours et bien sûr qu'il en serait de même pour moi. Que ma mère ne pouvait mourir et surtout que je ne pouvais mourir avant elle, cela aurait été une trahison épouvantable pour cette femme dont j'étais le fils adoré. Que la parole d'un ami d'enfance était ce qu'il y a de plus fiable au monde. Que la plupart des gens étaient honnêtes et sincères, surtout quand je l'étais avec eux !

Je ne le savais pas encore, mais j'allais le découvrir très vite, que celle qui prétendait m'aimer pour toujours pouvait me quitter pour un autre, que ma mère était mortelle ainsi que moi, que nous n'étions trahis que par nos amis et qu'une parole donnée n'avait pas beaucoup de valeur quand des enjeux financiers puissants apparaissaient et qu'au fond, nous, les humains, n'avions qu'une seule certitude : c'est qu'un jour nous allions mourir. J'ai découvert que tout ce que je pensais être des certitudes, n'étaient en fait que des croyances, dont certaines relatives, versatiles ou très fragiles. Croyances plus ou moins fortes inscrites dans les strates de mon histoire ou découvertes dans les rencontres, les expériences de vie, les prises de conscience qui jalonnent une existence.

Et puis avec l'âge, j'ai découvert que j'avais quand même quelques certitudes auxquelles je tenais, auxquelles j'avais besoin de m'accrocher et qui je l'espérais pourraient être plus durables et plus fiables que mes croyances antérieures.

La plus évidente aujourd'hui pour moi, c'est la certitude que nul ne sait à l'avance la durée de vie d'un amour. Que ni elle, ni moi, ne savions à l'avance si notre amour résisterait à l'usure du temps, à la monotonie du quotidien, aux épreuves et aux péripéties d'une vie violentée par tant d'épreuves et d'imprévisibles. Et qu'en conséquence, il faut apprendre à prendre soin de cet amour, à le protéger, à l'aimer.

Que je dois prendre soin de mes besoins relationnels (besoin de se dire, d'être entendu, d'être reconnu, d'être valorisé, d'avoir une intimité et une possibilité d'influencer son environnement, besoin de rêver), car il y a un lien très étroit entre la satisfaction de ces besoins et mon état de santé physique et psychologique.

Qu'il ne suffit pas d'avoir de la volonté pour avancer et réussir dans mes rêves et mes projets, mais aussi de la cohérence, de la rigueur et une compétence à dépasser les obstacles et les échecs.

Que la prise de conscience n'est pas suffisante pour changer, il faut quelque chose de plus : s'en donner les moyens ! Ma grand-mère disait : « J'ai pris conscience ce matin que le pneu arrière de mon vélo était crevé, c'est curieux : cela ne l'a pas regonflé ! »

Qu'il est important de ne pas me laisser définir par les autres (même proches), si je veux continuer à pouvoir me respecter.

Qu'il est important d'apprendre à dire non quand la demande de l'autre ne correspond pas à mes propres valeurs, mes désirs ou mes besoins.

Qu'être autonome, c'est-à-dire être adulte, c'est prendre le risque de m'affirmer et donc de ne pas avoir l'approbation de mon entourage (et surtout de ceux qui prétendent m'aimer), quitte à rencontrer la solitude.

Que la pire des solitudes n'est pas d'être seul, mais de s'ennuyer en sa propre compagnie, qu'il m'appartient ainsi d'apprendre à être un bon compagnon pour moi-même !

Que si je souhaite qu'une relation reste vivante, il est important de la nourrir de messages positifs et valorisants pour entretenir chez l'autre et chez moi la vivance de la Vie, une énergie dynamisante, l'amour et la confiance en soi.

Que le plus beau cadeau que je peux faire à un enfant n'est pas tant de l'aimer que de lui apprendre à s'aimer.

Que l'homme peut être fondamentalement bon mais que c'est un prédateur redoutable, non seulement à l'égard d'autrui, mais surtout à l'égard de lui-même dans sa capacité et sa créativité à s'autosaboter, à se violenter et à se détruire. Que les femmes ont une capacité infinie à entrer dans le plaisir, quand elles acceptent déjà de se l'offrir, et qu'elles ont une générosité dans l'abandon qui dépasse tout ce qu'un homme peut recevoir.

Que j'ai reçu, et que nous avons reçu en cadeau (certitude très forte en moi) au moment de la conception une parcelle de Vie, d'énergie et d'amour et qu'il m'appartient soit de simplement la consommer, soit de l'agrandir jusqu'aux rires des étoiles.

Que si je ne suis pas capable de m'aimer, il me sera difficile d'aimer. Qu'il est de ma responsabilité de ne pas confondre le don d'amour (celui que je peux donner) et le besoin d'aimer (qui n'est pas un don, mais une demande qui, parfois, se transforme en exigence).

Que derrière toute peur, il y a un désir. Cette découverte (assez récente) a transformé ma vie, car je ne suis pas dans la même dynamique relationnelle, émotionnelle quand je suis dans l'ordre de la peur ou dans celui du désir !

Voilà pour l'instant les certitudes qui m'habitent, qui nourrissent ma vie et qui me permettent de rester ancré dans l'existence.

J'ai tenté de rassembler le plus simplement possible les quelques certitudes fondamentales qui structurent aujourd'hui ma vie d'homme et qui me permettent de vivre à plein temps (ce qui n'a pas toujours été le cas) mes engagements et mes choix de vie.

J'ajouterais que nous sommes certainement des dieux plus joyeux que nous ne le pensons, mais cela doit être une croyance.

Le courage d'être soi… au-delà de la crise

À quatre-vingts ans, j'ai traversé un certain nombre de crises, personnelles, professionnelles, sociales, dans mon existence. J'ai eu l'occasion de changer de métier à plusieurs reprises et parfois aussi de pays. Comme tout homme depuis l'aube de l'humanité, j'ai dû me confronter à ce qui caractérise une crise, à savoir envisager un changement, ce qui veut dire renoncer à certaines choses et devoir introduire dans sa vie de nouvelles choses. Comprendre que la vie n'est qu'une succession de naissances faites de rencontres et de séparations m'a permis de me mettre au monde à différentes reprises et donc de vivre des changements dans mes comportements et conduites, dans ma façon de communiquer et d'entrer en relation, de prendre des décisions ou d'assumer des engagements et des choix de vie.

Une existence se construit d'une part avec des rencontres tantôt stimulantes, tantôt éprouvantes, et d'autre part avec des séparations nécessaires, choisies ou imposées qui vont se révéler tantôt blessantes et morcelantes, tantôt dynamisantes et structurantes, mais dont chacune sera une invitation à remettre en cause des habitudes, des modes de vie, des valeurs, des croyances et des modes de fonctionnement, envers soi-même et envers autrui.

La crise d'aujourd'hui tente de nous focaliser sur l'extérieur, avec le sentiment désespérant que nous n'avons pas de prise, pas de pouvoir sur ce qui se passe autour de nous dans le monde. Que l'effet de mondialisation a dilué notre influence, rendu caduque l'influence que nous pourrions avoir sur nos vies. Notre bulle intime a éclaté à l'échelle de la planète et même d'une partie de l'univers. Nous nous sentons de plus en plus dépossédés d'un pouvoir de vie sur notre propre vie, avec le sentiment douloureux que c'est une partie de notre liberté d'être qui nous échappe. Nous pouvons nous indigner, nous agiter, descendre dans la rue et cependant l'amertume reste, avec un sentiment d'impuissance, face à des forces sur lesquelles nous n'avons aucune maîtrise.

Un jour, à Strasbourg, alors que je sortais d'une conférence, j'ai vu une affiche à un arrêt de bus, une pensée de Darwin : « Ce ne sont pas les espèces les plus fortes ou les plus intelligentes qui survivent, mais celles qui ont su s'adapter. » Et cette phrase a changé une partie de ma vie. S'adapter ce n'est pas, comme certains le pensent, courber la tête, faire le gros dos, laisser passer l'orage ou la crise. S'adapter c'est prendre le risque de se rencontrer soi, de découvrir ses ressources, de développer tous ses sens pour faire face à une réalité mouvante, versatile et de plus en plus imprévisible. C'est continuer à rester debout, pour essayer de mieux vivre et non pas seulement de survivre.

Cela nous ramène à une notion peu connue et donc peu abordée en psychologie : le courage d'être soi. Celui-ci ne se traduit ni par des actes héroïques ni par des faits d'armes visibles. Ce courage relève d'attitudes personnelles, intimes, à la fois discrètes et profondes, pour accéder au meilleur de soi, pour permettre de rencontrer ainsi le meilleur de l'autre.

La démarche que je propose autour du courage d'être soi repose sur quatre ancrages qu'il est possible d'intérioriser dans notre vie au quotidien, non seulement pour faire face à l'imprévisible, mais pour permettre à chacun de mieux connaître ses vulnérabilités et aussi ses possibles.

S'aimer soi-même

Cet ancrage ne doit pas se confondre avec un amour narcissique du type « Je suis le plus beau, le plus intelligent, le plus jeune... ». Il s'agit d'un amour de bienveillance, de tolérance et de respect que nous pouvons avoir envers nous-mêmes.

Apprendre à s'aimer n'est pas facile, notamment parce que la culture judéo-chrétienne qui nous environne nous a laissés croire ou pratiquement dicté qu'il faut aimer l'autre comme soi-même. Lorsqu'on constate les difficultés que nous avons à nous aimer, comment imaginer que l'on puisse réellement aimer les autres ?

Il s'agit ici d'apprendre à dire non. Non pas pour s'opposer, mais pour se respecter.

Autrefois, j'étais un de ces hommes qui ne savent pas dire non. Je craignais de perdre l'amour de ma femme ou de passer pour un égoïste. J'ai souvent dit oui, mais c'était des oui qui ne m'engageaient pas réellement. Apprendre à dire non, c'est aussi décider de ne plus jamais se laisser définir par l'autre.

Voici un exemple tiré de mon vécu. À l'âge de neuf ans, j'ai dû être plâtré des chevilles jusqu'au cou, et ce pendant cinq ans. Le médecin, un brave homme extrêmement compétent, m'a dit au moment d'enlever mon dernier plâtre : « Salomé, vous vous en sortez bien ! Vous allez pouvoir vivre le reste de votre vie dans une chaise roulante ! » Pour cet homme, il s'agissait là d'un message positif, puisque mes quatre camarades de chambre, eux, allaient rester grabataires et porter des corsets de cuir ou de métal toute leur vie. Mais ce message, je l'ai reçu comme terrifiant. Vous le savez, ce qui est entendu à un bout de la relation (récepteur) ne correspond pas nécessairement à ce qui a été exprimé à l'autre bout de la relation (émetteur). J'étais catastrophé, j'ai eu envie de me suicider, car je venais de passer cinq ans couché dans le plâtre et je ne me voyais pas rester dans un fauteuil roulant pour le restant de mes jours.

Réapprendre à marcher m'a tout de même pris cinq ans. Si je m'étais laissé définir par le message de cet homme, pourtant bienveillant, je n'en serais pas aujourd'hui à vous parler du courage d'être soi. J'en ai tiré une leçon de vie, qui a guidé toute mon existence : ne jamais se laisser définir par autrui, essayer d'accéder à sa propre définition de soi-même.

Apprendre à se responsabiliser

Nous ne sommes pas nécessairement responsables de ce qui nous arrive, mais nous sommes toujours responsables de ce que nous en faisons. C'est dès l'école maternelle qu'on devrait nous enseigner cette règle relationnelle centrale. Arrêter d'accuser l'autre, le monde entier ou Dieu, sortir de la plainte ou de la victimisation, évaluer les conséquences de ses actes et explorer les réponses que nous pouvons apporter à ce qui nous arrive, en tenant compte de nos ressources et de nos limites.

Rester fidèle à soi-même

Avoir le courage d'être soi exige de rester fidèle à soi-même. Je suis d'une génération où beaucoup de femmes restaient trente ou quarante ans dans une même relation conjugale qui pourtant n'était ni bonne ni épanouissante pour elles. Ces femmes s'obligeaient à rester avec un partenaire qui pouvait boire ou être brutal, qui avait peut-être des relations tierces, qui les dévalorisait. S'obliger ainsi est le signe qu'elles n'étaient pas fidèles à elles-mêmes, qu'elles ne respectaient pas leur intimité. Nous savons aujourd'hui que ces femmes ont souvent payé le prix fort en termes de somatisations : quelque 60 % des femmes de ma génération ont été opérées de la poitrine, du ventre ou de l'utérus. Je ne souhaite pas que mes filles vivent cela !

Être fidèle à soi-même rejoint les trois ancrages précédents : à savoir apprendre à s'aimer, à se respecter et à se responsabiliser. Si par exemple la femme que j'aime me quitte, je peux souffrir, voire me désespérer ou même déprimer. Mais il est de ma seule responsabilité de faire un travail sur moi et d'être (peut-être) accompagné par quelqu'un sur ce chemin. Ce sera à moi d'écouter quelle blessure archaïque, quelles situations inachevées de mon histoire son départ a pu réveiller en moi. Est-ce de l'ordre de la trahison, de l'humiliation, du sentiment d'injustice, de l'impuissance ou de la honte, de l'abandon, du rejet ? Je viens de nommer là les principales blessures archaïques que nous pouvons engranger dans nos vies d'enfant et dont certaines peuvent toujours être à fleur de peau et exploser brutalement. Si je ne prends pas le risque d'un travail d'archéologie personnelle pour explorer mes zones d'ombre, cela risque de se traduire par des somatisations qui vont entraîner une déperdition d'énergie, une déstabilisation ou des angoisses répétitives, au-delà d'un mal-être, d'un mal à vivre.

Conscientiser la relation

Le courage d'être soi consiste justement à mieux conscientiser le type de relation que nous proposons à notre entourage. En tant que père, je dois m'interroger sur le mode de relation que je vais utiliser pour entrer en contact avec mon enfant. Une leçon que ma fille m'a apprise après un conflit. Elle boudait, moi aussi. Je suis allé l'embrasser dans sa chambre et je lui ai dit : « Tu sais, je t'aime. » Elle a eu cette parole extraordinaire : « Papa, arrête de m'escroquer avec tes sentiments, je sais que tu m'aimes, mais ce n'est pas de cela qu'il s'agit, papa. Il s'agit de notre relation et de ta façon de te comporter avec moi. J'ai treize ans et j'ai l'impression que tu te comportes comme si j'en avais cinq ou six. Tu déposes tes peurs sur moi et cela n'a rien à voir avec les sentiments que tu éprouves ou que j'éprouve pour toi. » Ce qui m'a fait mieux comprendre que dans toute relation nous sommes toujours trois : moi, l'autre et la relation elle-même. Je suis responsable de ce que je vais dire et l'autre est responsable de ce qu'il va entendre et de ce qu'il va en faire. Il peut ainsi prendre dans la relation ce qui est bon pour lui et laisser ce qui n'est pas bon pour sa personne.

Nul besoin d'avoir un doctorat en psychologie pour comprendre qu'une relation c'est un canal, une passerelle sur laquelle vont passer deux types de messages : des messages porteurs de positif (qu'il nous appartiendra d'accueillir et d'amplifier) et des messages chargés de négatif (qu'il nous appartiendra de refuser et de remettre chez l'autre). Supposons que Lise envoie un message positif à Fanny, par exemple en lui offrant des fleurs. Cela ne suffit pas. Encore faut-il que Fanny sache accueillir ce message, car nous sommes souvent des handicapés du recevoir. Et je prétends que si nous savons recevoir un message positif, cela augmente notre vivance et notre énergie. Nous avons alors plus de confiance et d'estime de soi, de plaisir d'être. La source de l'amour de soi, c'est donc la capacité à accueillir, à accepter les messages positifs qui nous viennent de notre environnement. Et la réciprocité dans la relation est toujours possible.

Malheureusement, nous n'envoyons pas que des messages positifs. Faites l'expérience suivante : enregistrez toute une journée de dimanche en famille et écoutez cet enregistrement; vous allez être atterré du nombre de messages toxiques que l'on peut s'envoyer, qui sortent de notre bouche sans que nous en soyons conscients. À mon avis, leur accumulation en nous est une des sources de la maladie. Si l'on ingère un aliment nocif ou avarié, que fait notre corps? Il le recrache. Or nous ne savons pas faire la même chose avec les milliers de messages toxiques que nous recevons au cours de notre vie. Chaque fois que nous en recevons un, il blesse notre vitalité, notre vivance et consomme trop de notre énergie vitale. Nous perdons la confiance en nous, nous nourrissons dcs doutcs. Et, au final, nous sombrons dans le désamour de nous-mêmes et dans le déplaisir d'être.

Notre capacité à savoir restituer réellement ou symboliquement un message, un geste, un comportement toxique reçu est centrale pour parvenir à s'aimer. Il est important de l'apprendre aux enfants. Si tel était le cas, peut-être y aurait-il moins d'abus sexuels, moins d'incestes, moins de violence en général. Rappelons au passage qu'en France, une femme sur six a été l'objet d'une violence, d'une provocation, d'un abus sexuel. Comment changer ces comportements ? Pour ma part, voici comment cela s'est passé.

Il y a une quarantaine d'années, en rentrant du travail, j'ai vu que ma fille de douze ans et demi était vêtue comme jamais je ne l'avais vue auparavant. Elle s'apprêtait à se rendre à sa première « boum ». Elle avait une coiffure de princesse égyptienne, portait le mascara et le rouge à lèvres de sa mère. Mais aussi une minijupe, très mini. Et moi, en tant que père, au lieu de voir la splendeur de ma fille, je me suis focalisé sur cette minijupe et lui ai dit : « Tu n'as quand même pas l'intention de sortir comme cela ? Tu ressembles à une putain ! » Et de constater le paradoxe : « C'est une enfant pour laquelle je serais capable de me couper une main et, en même temps, je la traite de putain ! » Quarante ans après, j'ai toujours le billet dans un tiroir de mon bureau, billet dans lequel ma fille me restituait ce mot qui l'avait blessé : « Papa, ce mot de "putain" n'est pas bon pour moi. C'est ton regard à toi, c'est ton point de vue, je le laisse chez toi. » C'est la plus grande leçon de psychologie que j'aie reçue au cours de ma vie.

Apprenons donc à nos enfants à ne pas garder pour eux ce qu'ils reçoivent de négatif. Même chose pour les adultes. Répétons-le : chacun est responsable de son bout de la relation et a le devoir, face à un message toxique, de le restituer symboliquement à l'envoyeur. Cela permettra de libérer des énergies bloquées autour de situations toxiques. Souvent, ces dernières sont générées par l'entourage proche. Il faut donc un certain courage pour dire par exemple : « Oui, papa, quand tu as fait rire mes copines en m'humiliant sur mes kilos en trop, cela m'a fait mal et ce n'est pas bon pour moi. Papa, je te restitue la violence que j'ai reçue de toi par ta moquerie! » Parfois, un petit coquillage, une petite pierre peuvent aider à marquer symboliquement ce renvoi à l'expéditeur. Ce qui n'enlève rien à l'importance des mots pour communiquer.

Les besoins relationnels

Grandir en conscience nécessite aussi de reconnaître les besoins relationnels de chacun. Très brièvement, voici ce qu'ils incluent :

- Le besoin de *mettre des mots sur son ressenti.* Il n'est pas aisé de dire ce que nous ressentons réellement et encore moins d'être entendus dans ce registre. Petit exemple : je marche dans la rue, je vois un enfant de trois ans qui tombe et crie : « Maman, maman, j'ai mal! », et j'entends la mère qui répond : « Mais non, mais non, ce n'est rien, mon chéri! » L'enfant comprend alors que ce qu'il ressent n'est « rien ». Il ne se sent pas véritablement entendu face à ce qui lui arrive.
- Le besoin d'*être reconnu* tel que je suis et non pas tel que les autres me voient ou voudraient que je sois.
- Le besoin d'*être valorisé*, non pour ce que je fais, mais pour ce que je suis.
- Le besoin de *conserver une part d'intimité.* Ce besoin peine aujourd'hui à être reconnu, tant on laisse le

monde extérieur rentrer chez soi. (57 % des couples ont ainsi la télévision dans leur chambre.) Si vous observez les bureaux paysagers qui comptent parfois plus de trente employés dans une même pièce, vous remarquerez que chacun recrée une petite bulle d'intimité : la photo du conjoint ou des enfants, une plante verte, un petit coquillage rapporté de vacances, etc. Ce besoin d'intimité est également violenté par le téléphone portable, puisque n'importe qui a désormais le droit de vous appeler n'importe quand… si vous le laissez allumé !

- Le besoin *de créer, d'influencer* son environnement. Ce besoin nous permet de réaliser, d'introduire dans la réalité un certain nombre de nos aspirations.
- Le besoin de *rêver* que demain sera meilleur qu'aujourd'hui, qu'après-demain sera meilleur que demain…

La vie, un cadeau

La vie reçue par ses géniteurs mérite aussi qu'on s'en occupe, qu'on la conscientise. C'est ce que j'ai appris au cours de mon histoire particulière. Ma mère avait dix-huit ans quand elle m'a conçu avec un garçon qui avait trois ans de moins qu'elle. Mon géniteur avait donc quinze ans ! Il a très vite disparu de la vie de ma mère, la laissant seule. J'ai retrouvé cet homme quand j'ai eu cinquante ans. Lors de notre première rencontre, j'étais submergé par l'émotion. À la seconde, voici ce que j'ai pu lui dire :

« Pierre, je ne vais pas passer le reste de ma vie à te reprocher d'avoir quitté maman, de ne t'être jamais occupé de moi. Je voudrais te remercier. » À l'époque, j'avais déjà une petite pierre de couleur bleue pour symboliser la Vie que j'avais reçue au moment de ma conception. En la lui montrant, je lui ai dit : « Je voudrais te remercier de m'avoir donné la Vie. » Et cet homme a été très ému. Plus tard, juste avant de mourir, il m'a dit : « Tu ne peux pas savoir combien tes paroles m'ont touché, parce que je pensais recevoir des critiques, des accusations pour avoir quitté ta mère, pour ne pas m'être manifesté, et toi, voilà que tu me remercies ! » Après ma naissance, il a eu cinq autres enfants. C'était un homme fidèle. Il a en effet appelé son premier enfant Jacques, mon prénom, ce qui montre bien que, même de manière invisible, il existe des fidélités.

Si vos parents sont vivants, je vous propose de trouver à votre tour une petite pierre, rare, pas forcément précieuse, qui symbolisera la Vie qu'ils vous ont donnée. De leur dire, même si vous avez une mauvaise relation avec eux, même s'ils ne se sont pas beaucoup occupés de vous, même s'il y a eu des tensions, des conflits entre eux et vous : « Je voudrais vous remercier de m'avoir donné la Vie. » Le courage qu'il vous faudra pour le leur dire vous montrera la responsabilité que vous avez. Ce n'est plus eux aujourd'hui qui sont responsables de votre vie, mais vous-même à chaque instant de votre existence !

Le désir derrière la peur

Nous sommes des êtres pourvus de peurs innombrables, héritées de notre enfance ou qui viennent parfois de notre situation présente. Par exemple, j'ai peur d'être licencié, j'ai peur que ma femme me quitte, que mon fils touche à la drogue, qu'il tombe malade, qu'il n'obtienne pas son baccalauréat, etc. Nous sommes habités par une multitude de peurs et, trop souvent, nous en déposons quelques-unes… sur nos enfants. Déposer nos peurs et nos désirs sur ceux que nous aimons, c'est un peu notre spécialité en tant que parents!

Je me souviendrai toujours de ce que m'a dit Marine, une de mes filles, alors qu'elle avait treize ans : « Tu vois, papa, je pars au lycée tous les matins avec un cartable qui fait six kilos deux cents. Je l'ai pesé sur la balance de maman. » En me montrant un autre sac, qu'elle avait chargé de tas de choses pesantes, elle a ajouté : « Et là, c'est toutes les peurs que tu déposes journellement sur moi : que je ne travaille pas assez, que je ne réussirai pas à l'école, que je ne passerai pas en classe supérieure, que j'ai des mauvaises fréquentations, que je devrais être plus vigilante, etc. Et tu vois, papa, ces deux sacs, ils sont tellement lourds que j'ai une scoliose! » Elle a conclu par cette phrase terrible : « Papa, au lieu de déposer tes peurs sur moi, pourrais-tu t'en occuper, en prendre soi, je me sentirais plus légère, moins encombrée! » Cette expérience a été pour moi le premier pas vers une croissance personnelle non seulement comme père, mais aussi comme mari, professionnel, homme. Et, beaucoup plus tard, j'ai découvert ceci : derrière toute peur, il y a un désir. Il vaut donc mieux exprimer son désir que de déposer sa peur.

Cela ne veut pas dire que vous devez imposer votre désir. Si mon fils doit passer le bac, peut-être que je pourrais lui donner un petit objet qui lui dise : « Voilà, je te montre mon désir que tu réussisses le bac ! Je peux te prêter pour la journée mon désir, tu me le rendras ce soir, quand tu rentreras. » C'est mon désir, mais le fait que je dépose celui-ci sur mon fils va l'aider beaucoup plus que si je déposais une peur sur lui.

Paradoxalement, parce que nous avons peur de nos désirs, nous préférons nous réfugier derrière nos peurs : « Je n'y arriverai pas, j'ai peur de ne pas réussir, peur d'être rejeté(e), j'ai peur de ne plus être aimé(e)... » Il faut donc du courage pour oser reconnaître et faire de la place au désir qu'il y a en nous plutôt qu'à la peur.

En guise de conclusion, j'aimerais vous offrir ce petit texte :

« Osez donc être un bon compagnon pour vous-même, car vous êtes au cœur de toutes vos relations, ce qui ne veut pas dire que vous êtes au centre. Vous êtes responsable de l'estime, de l'amour et du respect que vous pouvez vous porter. Vous êtes aussi responsable de l'amélioration possible de la qualité de vos relations, ce qui ne veut pas dire que vous devez tout prendre sur vous, la totalité de cette responsabilité. Vous disposez de tous les moyens pour votre propre épanouissement. Ne comptez pas sur les autres pour prendre en charge vos besoins.

Alors donnez-vous la mission de les combler par

vous-même, d'apaiser vos craintes, de vous protéger de vos peurs. N'attendez pas d'autrui des réponses et des solutions. Interrogez-vous, affinez vos perceptions et restez sensible à vos ressentis.

Acceptez ainsi de faire confiance à vos propres ressources et au miracle de l'imprévisible qui vous habite. Osez vous définir et marquez la différence quand l'autre tente de vous réduire ou de vous enfermer dans sa définition à lui.

Expérimentez en créant du réel au-delà des croyances que vous avez reçues ou de vos certitudes. Vous ne produisez rien que vous ne puissiez résoudre.

Prenez soin de vous journellement. Vous êtes unique et extraordinaire, même si parfois vous avez tendance à l'oublier.

Vivez comme si vous étiez le seul garant de votre existence et acceptez aussi de vous relier aux autres chaque fois que cela vous paraît possible et acceptable pour vous.

Voyez ceux qui vous entourent comme des êtres uniques ou, mieux encore, comme des cadeaux qui rendent le présent plus présent. »

Ce n'est pas notre amour…

Ce n'est pas notre amour, aussi tendre soit-il,
qui nous évitera de nous heurter avec des paroles amères.

Ce n'est pas notre amour, aussi lumineux soit-il,
qui nous empêchera de mettre au jour des zones d'ombre
et de souffrance chez l'aimé(e).

Ce n'est pas notre amour, aussi sincère soit-il,
qui nous empêchera de nous blesser avec nos maladresses.

Ce n'est pas notre amour, aussi beau, aussi passionné
qu'il puisse être, qui pourra fixer ou retenir l'amour de l'autre.

Ce n'est pas notre amour, aussi intense qu'il puisse être vécu,
qui pourra éviter l'éloignement imprévisible de l'être aimé.

Ce n'est pas notre amour, aussi ardent soit-il,
qui pourra combattre des pensées malsaines, des doutes
et même des errances vers d'autres amours.

Alors faut-il se protéger de l'amour ?
Faut-il éviter d'aimer ?
Faut-il se garder d'être aimé ?

Non, au grand jamais non.
Continuons à aimer, à offrir au-delà de notre amour
le meilleur de nous-mêmes.
Restons ouverts à l'inouï et au miraculeux des partages.
Soyons vigilants et osons le donner et le recevoir,
le demander ou le refuser dans le respect de chacun.

Table

DU MÊME AUTEUR

AUX ÉDITIONS ALBIN MICHEL

Contes des petits riens et de tous les possibles
La Ferveur de vivre
Je viens de toutes mes enfances
Bonjour tendresse
Paroles de rêves
Paroles d'amour
Paroles à guérir
Les Mémoires de l'oubli
N'oublie pas l'éternité
Car nous venons tous du pays de notre enfance
Pour ne plus vivre sur la planète Taire
Tous les matins de l'amour ont un soir
Lettres à l'intime de soi
Je m'appelle toi
Pensées tendres à respirer au quotidien
L'Enfant Bouddha

AU LIVRE DE POCHE

Pourquoi est-il si difficile d'être heureux ?
Papa, maman, écoutez-moi vraiment !
Contes à guérir, contes à grandir
Contes à s'aimer, contes à aimer
Contes d'errance, contes d'espérance
Je viens de toutes mes enfances

Je croyais qu'il suffisait de t'aimer
Osez travailler heureux

CHEZ POCKET

Heureux qui communique
T'es toi quand tu parles
Le courage d'être soi
Une vie à se dire
À qui ferais-je de la peine si j'étais moi-même ?
La vie à chaque instant
Passeur de vie
Si je m'écoutais… je m'entendrais !
Vivre avec soi
Vivre avec les autres
Vivre avec les miens
Aimer et se le dire
Et si nous inventions notre vie ?

AUX ÉDITIONS JOUVENCE

Apprivoiser la tendresse
Petit cahier d'exercice : Apprendre à s'aimer

CHEZ GUY TRÉDANIEL ÉDITEUR

Aimer l'amour
Aimer c'est plus que vivre

AUX ÉDITIONS DU RELIÉ

Manuel de survie dans le monde du travail

Composition IGS-CP
Impression CPI Bussière en septembre 2015
Éditions Albin Michel
22, rue Huyghens, 75014 Paris
www.albin-michel.fr
ISBN : 978-2-226-31917-3
N° d'édition : 21892/01. – N° d'impression : 2015930
Dépôt légal : octobre 2015
Imprimé en France